Ricarda Sagehorn und Cornelia Mroseck

Intuitives Kartenlegen

Die Sprache der Lenormandkarten verstehen lernen

Band 1

Bedeutungen und Kombinationen

„Die Orakel haben nicht sowohl aufgehört zu reden als vielmehr die Menschen ihnen zuzuhören."

Georg Christoph Lichtenberg

Intuitives Kartenlegen

Die Sprache der Lenormandkarten verstehen lernen

Band 1

Bedeutung und Kombinationen

Ricarda Sagehorn und Cornelia Mroseck

Hinweis:

Die Informationen und Empfehlungen in diesem Buch dienen nicht dem Ersatz eines Arztes oder Therapeuten. Eine Haftung seitens der Autorinnen oder des Verlages für etwaige Personen-, Sach- oder Vermögensschäden ist ausgeschlossen.

Bibliografische Informationen der Deutschen Nationalbibliothek:

Die Deutsche Nationalbibliothek verzeichnet diese Publikation in der Deutschen Nationalbibliografie; detaillierte bibliografische Daten sind im Internet über http://dnb.d-nb.de abrufbar.

Herstellung und Verlag: Books on Demand GmbH, Norderstedt

Zu den Lenormand-Karten *Blaue Eule* (ISBN 978-3-905017-03-8) folgender Nachweis:
Mit freundlicher Genehmigung des Königsfurt-Urania Verlag, Krummwisch, © AGMüller Urania, Neuhausen.
www.koenigsfurt-urania.com

ISBN: 978-3-8423-4726-7

INHALT

EINLEITUNG

Das Gewerbe der Hellsicht und Wahrsagerei ist uralt. Von je her hat es die Menschen interessiert, was in der Zukunft auf sie zukommt. Gehen wir in der Zeit weit zurück, war es für die Menschen sogar von noch größerer Bedeutung. Denn die Orakel wurden unter anderem dazu befragt, ob Kriege gewonnen werden, ob der Sommer eine reiche Ernte verspricht oder ob ganze Königreiche Bestand hatten oder zu zerbrechen drohten. Von diesen Orakelsprüchen hingen die Zukunft und das Überleben ganzer Völker ab.

Aber natürlich wurden auch persönliche und alltägliche Belange erfragt.

- Liebt mich der Mann oder die Frau meiner Träume?
- Werde ich ihn/sie heiraten?
- Kann ich mein kleines Geschäft ausbauen?
- Werde ich erfolgreich sein?
- Wird es mir gesundheitlich bald besser gehen?

All diese Fragen haben die Menschen immer bewegt und tun es auch heute noch. Und auf der ganzen Welt wird diese Kunst immer noch betrieben. Während das Lernen der Geheimnisse früher jedoch ein Privileg von Wenigen war, steht dieser Weg heute vielen offen. Zum Glück!

Schauen wir auf die Geschichte des Kartenlegens an sich, können wir auch sie mehrere tausend Jahre zurückverfolgen. Und die hier besprochenen Karten gehen zurück auf die Sybille von Paris, jene große Wahrsagerin, die Napoleon prophezeite nicht in Russland einzumarschieren, denn er würde eine Niederlage erleben. Sie war ein berühmtes Medium, das heiß geliebt wurde von den Prominenten und Reichen ihrer Zeit. Genauso wurde sie jedoch auch wegen ihrer Weissagungen verfolgt und zeitweise vertrieben. Und auch wenn heute viele Decks nach Madame Lenormand benannt werden, sind es nicht die Karten in ihrer Ursprungsform, wie sie sie höchstwahrscheinlich benutzt hat. Nichtsdestotrotz sind die Lenormandkarten in ihren vielen Varianten wohl neben dem Tarot das beliebteste Kartendeck.

Wir möchten dir in diesem Buch vermitteln, wie einfach es sein kann, die Sprache der Lenormandkarten zu interpretieren. Denn gerade auch das Deck unter den vielen, die es gibt, welches wir besprechen, ist sehr klar und eindeutig in seiner Symbolik und in seinen Farben. Im Laufe der Arbeit mit diesem Buch wird sich nicht nur dein Verständnis für die Karten erweitern, sondern auch deine Intuition wird sich schärfen und verfeinern. Nutze den Raum für eigene Interpretationen, die wir dir unterwegs zur Verfügung stellen, denn er ermöglicht dir eine enge Verbindung zu deiner Intuition und den Karten aufzubauen.

Wir freuen uns darauf, mit dir gemeinsam die Geheimnisse dieser alten Kunst zu lüften.

Ricarda & Conny

KARTELEGEN LERNEN

Kartenlegen lernen solltest du so verstehen, als würdest du eine neue Sprache erlernen wollen. Denn eigentlich ist es nichts anderes. Genauso wie wir gelernt haben, dass bestimmte Buchstaben (Symbole) aneinander gereiht Wörter bilden und diese Wörter (zusammengefasste Symbole) wiederum aneinander gereiht Sätze ergeben, lernst du hier, dass einzelne Karten mehrere Symbole und damit mehrere Vokabeln enthalten. Genauso wie mehrere Karten aneinander gereiht eindeutige Sätze und damit Aussagen bilden.

Die Symbolik der Karten bildet also dein Vokabular – die Wörter, die du mit jeweils einer Karte verbindest. Die Legemethode, wie du die Karten auslegst und deutest, ist die entsprechende Grammatik. Die Grammatik sorgt dafür, dass du die Wörter so miteinander verbindest, dass sinnige Aussagen entstehen.

Und wie das so ist, wenn man eine neue Sprache lernt, holpert man am Anfang ein wenig in den Sätzen. Je mehr man jedoch übt, die Sprache spricht, umso flüssiger und einfacher wird es.

In diesem Buch besprechen wir ein Deck von Urania, die sogenannte **Blaue Eule**. Die Besonderheit an diesem Deck ist, dass die Symbolik einfach und klar ist. Jede der Karten ist wie ein kleines Gemälde, das einen Gegenstand oder ein in sich geschlossenes kleines Bild darstellt. Hinzu kommt, dass die Blaue Eule als Ergänzung die Skatkarten integriert. Diese ermöglichen es uns über die traditionellen Personenkarten in den Lenormandkarten hinaus, über die Könige, Damen und Buben im Skatblatt, weitere Personen schnell und einfach zu identifizieren.

Wir möchten dir aus diesem Grunde natürlich empfehlen, genau mit diesen Karten zu arbeiten. Sicherlich kannst du auch ein anderes Deck benutzen. Aber es ergeben sich in den Varianten erhebliche Unterschiede. Diese können die Farben betreffen oder auch die Richtung der Symbolik, die teilweise von Relevanz ist. Auch haben einige Decks keine Skatkarten auf ihren Bildern integriert, so dass dir diese Informationen dann fehlen könnten. Mach es dir also nicht unnötig schwer, wenn es auch einfach und klar geht. Hinterher, kannst du immer noch wieder gern auf ein von dir bevorzugtes Kartendeck wechseln.

Der Umgang mit den Karten

Oft wird uns die Frage gestellt, wie man denn nun die Karten umgehen muss. Und wir sind der Meinung: Es ist egal, solange du dich wohlfühlst! Sicherlich solltest du mit deinen Karten pfleglich umgehen. Sie sind schließlich dein dir treu dienendes Werkzeug. Aber ansonsten handle bitte so, wie es dir beliebt.

Aufbewahrung

Wenn du es für dich möchtest, kannst du dir ein schönes Etui oder eine Stofftasche für deine Karten besorgen. Einige Kartenleger haben auch ein eigens dafür angeschafftes Kästchen.

Solltest du sie jedoch auch mit dir in der Handtasche mitnehmen wollen, wäre die erstere Variante wohl die einfachste.

Mischen

Was das Mischen der Karten abgeht, können wir dir empfehlen, sie normal zu mischen. Also nicht auf dem Tisch durcheinander zu wirbeln. Auch möchten wir dir ans Herz legen, die Karten immer in eine Richtung sortiert zu belassen. Denn so kannst du, ohne vorher sortieren zu müssen, ein Kartenbild sauber auslegen. Das hilft dir vor allem am Anfang, deutlich auf die Karten zu schauen und damit auch vernünftig deuten zu können. Und du musst nicht immer auf Karten blicken die mal richtig mal verkehrt herum liegen. Das verwirrt nur unnötig.

Auslegen

Wir empfehlen dir sauber und ordentlich auszulegen. Quasi Kartenrand an Kartenrand. Auch das erzeugt eine Übersichtlichkeit, die dir gerade am Anfang behilflich ist.

Die Karten in Händen von anderen

Manche Kartenleger/innen mögen es nicht, wenn andere ihre Karten berühren. Sie empfinden dann die Energie der Karten als gestört. Manch andere lassen ihr Gegenüber die Karten jedoch selbst mischen. Entscheide dich hier für die Variante mit der du dich am wohlsten fühlst.

EINZELBEDEUTUNGEN DER KARTEN

Wenn wir uns nun die einzelnen Karten gemeinsam ansehen, möchten wir, dass du dich wirklich auf diese eine Karte konzentrierst. Sei neugierig und offen, was sie dir zu sagen hat. Nimm dir Zeit. Schau genau hin und achte auch auf Details. Je mehr du das gesamte Bild in seinen vielen kleinen Details erfasst, umso leichter wird es dir fallen unseren Interpretationen zu folgen und eigene zusätzliche Bedeutungen zu entwickeln. Außerdem ersparst du dir damit, mühselig Vokabeln lernen zu müssen. Hast du einmal das Bild erfasst, hast du alles, was du brauchst direkt vor dir liegen.

Über die Bildbeschreibung möchten wir dir einen Vorschlag machen, wie du das Bild betrachten kannst und welche Sichtweise wir auf die Karte haben. Daraus ergeben sich die Bedeutungen. Du wirst sehen, dass sich alles daraus ergibt, was du auf dem Bild auch sehen kannst. Manchmal benötigt man vielleicht ein wenig Phantasie dazu. Aber auch diese möchten wir bei dir schulen, damit du eigene Bedeutungen hinzufügen kannst. Wir lassen dir unter bei jeder Karte Raum für eigene Interpretationen. Schreib sie dir dazu. Wir haben dir dafür einige Zeilen eingerichtet. Schließlich sollen du und die Karten einen Einheit werden. Ihr zwei sollt eine gemeinsame Sprache sprechen.

Was die Skatkarten auf den einzelnen Karten bedeuten, ist für uns nur bei den Buben, Damen und Königen relevant. Konzentriere dich also vornehmlich auf das Bild an sich.

1 Reiter

Bildbeschreibung:

Ein Mann ist auf einem Pferd unterwegs. Es könnte ein Bote aus alten Zeiten sein. Dieser bringt Nachrichten, wir wissen aber nicht, ob diese gut oder schlecht sind. Meistens waren diese Botschaften mündlicher oder schriftlicher Natur. Das Pferd auf dem der Mann sitzt ist in Bewegung und war damals ein reguläres Fortbewegungsmittel, das auch bedeutete, schneller voran zu kommen als beispielsweise zu Fuß. Im Hintergrund sind Gebäude zu sehen. Wir sehen nicht genau, ob der Reiter ein Ziel hat oder einfach nur von den Gebäuden wegreitet oder gar flüchtet. Die Karte ist freundlich gestaltet und wirkt nicht düster. Das Pferd ist ein Fluchttier.

Bedeutungsebenen allgemein:

- Bote
- Botschaften
- Nachrichten
- Begegnung
- Treffen
- Auto
- Motorrad
- Fahrrad
- Bewegung

- schnellere Geschwindigkeit
- Sport, sportliche Aktivitäten
- Flucht

Eigenschaften:
unterwegs, agil, beweglich sein, freundlich, impulsiv, schneller, flüchtig

Gesundheit:
Bewegungsapparat und Gelenke

Haustier:
Pferd, Esel

Personenkarte:
Mann

Zeitliche Qualität:
unterwegs, schneller, bald

Eigene Interpretationen:

___

___

___

___

2 Klee

Bildbeschreibung:

Das Bild zeigt ein vierblättriges Kleeblatt mit zwei kleinen Blüten. Dieses steht für uns als Sinnbild für Glück. Der Klee als Pflanze ist eher eine kleine. Im Vergleich zu anderen Karten, ist dies die einzige, die etwas Essbares darstellt. Die Karte wirkt freundlich und hell. Die Farbe, die hervorsticht, ist grün. Dies ist auch in unserem Sprachgebrauch die Farbe der Hoffnung.

Bedeutungsebenen allgemein:

- das kleine oder auch das kurzfristige Glück
- Essen allgemein
- Essverhalten

Eigenschaften:
glücklich, unbeschwert, hoffnungsvoll

Gesundheit:
Medikamente der klassischen Medizin, Ernährungsverhalten

Zeitliche Qualität:
4 Tage, 4 Wochen, 4 Monate, der vierte Monat im Jahr: April

Farbe:
grün

Zahlenwert:
4

Eigene Interpretationen:

3 Schiff

Bildbeschreibung:

Ein Schiff auf hoher See ist zu sehen. Das Wetter ist normal. Der Seegang ist nicht rau, aber auch nicht so ruhig, dass das Schiff ruhig segeln könnte. Es schwankt auf dem Meer. Früher waren Schiffsreisen sehr langsam und langwierig. Die Segel des Schiffes sind cremefarben bis gelb. Wenn man das Schiff so betrachtet, könnte es Fernweh und Reiselust auslösen. Aber auch Traurigkeit, dass man auf diesem Schiff nicht mitfahren kann.

Bedeutungsebenen allgemein:

- Reise
- Sehnsucht, Fernweh
- Traurigkeit
- Schifffahrt, Boote, Schiffe
- Fortbewegungsmittel für viele Personen

Eigenschaften:
traurig, sehnsüchtig, reiselustig, schwankend

Gesundheit:
Gleichgewicht, Übelkeit, Wasserhaushalt

Zeitliche Qualität:
1 - 3 Jahre

Farbe:
cremeweiß bis gelb

Eigene Interpretationen:

4 HAUS

Bildbeschreibung:

Auf diesem Bild siehst du ein Haus mit einem großen Garten. Eingerahmt wird der Garten von einer Steinmauer mit einem Tor. Das Haus wirkt herrschaftlich und könnte auch Grundbesitz andeuten. Die Mauer und das Tor schützen vor ungehindertem Zugang. In Haus wäre Platz für eine ganze Familie. Hier finden alle Lebensbereiche zusammen. Es wirkt beständig. Der Herzkönig deutet auf einen jüngeren Mann hin.

Bedeutungsebenen allgemein:

- eine Wohnung oder ein Haus
- Grundbesitz, Immobilien
- das eigene Zuhause
- Familie
- Privatsphäre
- Schutz
- Tor
- Ort
- Stadt

Eigenschaften:
häuslich, beständig, geschützt, privat

Gesundheit:
Allgemeinbefinden

Zeitliche Qualität:
beständig

Personenkarte:
Mann im Haus (Herz König im Haus), jüngerer Mann

Eigene Interpretationen:

____

____

____

____

5 Baum

Bildbeschreibung:

Hier steht ein Baum in voller Größe. Wir sind mitten in der Natur. Er ist grün und hinter ihm scheinen gelbe Felder mit Ähren zu liegen. Er ist sehr groß und stabil und zeigt eine starke Verwurzelung. Es dauert Jahre, bis ein Baum diese Größe erreicht. Als Sinnbild könnte er auch unseren Lebensbaum und damit unser Leben darstellen.

Bedeutungsebenen allgemein:

- Gesundheit
- Körper
- Leben
- Langeweile
- Trägheit
- Natur
- Baum
- Wald

Eigenschaften:
träge, langweilig, beständig, verwurzelt, natürlich, gesund

Gesundheit:
Gesundheit allgemein, Lebensqualität

Zeitliche Qualität:
7-10 Jahre, lebenslänglich, Spätsommer, September

Farbe:
grün bis dunkelgrün

Eigene Interpretationen:

6 Wolken

Bildbeschreibung:

Auf diesem Bild siehst du vornehmlich den Himmel, der aussieht, als hätte man ihn in zwei Hälften geteilt. Eine Hälfte ist hell und ohne Wolken, die andere mit dunklen Wolken verhangen. Das Wetter ist also nichts Halbes und nichts Ganzes. Der Schweif links sieht aus, als würde sich das Wetter klären. Mit den Wolken sehen wir die Bewegung der Luft. Man könnte aber auch meinen, das Bild sei rauchig, verraucht, nebelig. Der Kreuzkönig deutet auf einen älteren Mann hin.

Bedeutungsebenen allgemein:

- Wetter
- Nebel
- Unklarheiten
- Neutralität
- Halb-Halb
- Rauchen
- an der hellen Seite: es kommt Klarheit, keine Probleme
- an der dunklen Seite: unschöne Dinge stehen an, Probleme

Eigenschaften:
trübe, unklar, undurchsichtig, verraucht, nebelig

Gesundheit:

Lungen, Atemwege

Zeitliche Qualität:

November

Personenkarte:

Ex, Rivale, Vater, väterliche Figur, älterer Herr

Farbe:

grau

Eigene Interpretationen:

7 Schlange

Bildbeschreibung:

Hier siehst du eine Schlange auf dem Bild, die sich auf einer steinigen Erhebung schlängelt. Das Geschlängel wirkt etwas chaotisch. Mit etwas Phantasie könnte man meinen, sie bildet eine Sprungfeder, die man zusammendrücken könnte, oder auch ein Fragezeichen. Außerdem scheint die Schlange eine angriffslustige Haltung einzunehmen. Um um sie herum zu kommen, müsste man einen Umweg in Kauf nehmen. Schlangen können zudem giftig sein. Man könnte auch an ein Seil oder einen Strick denken. Die Kreuzdame weist auf eine Frau hin.

Bedeutungsebenen allgemein:

- Umwege
- Chaos
- Höhen und Tiefen
- Reduzierung
- Seile
- Stricke
- Frage

Eigenschaften:
chaotisch, giftig, klapprig, auf und ab, sich durchschlängelnd

Gesundheit:
Magen, Darm

Zeitliche Qualität:
auf Umwegen, kleine Verzögerung

Haustier:
Schlange, Reptilien aller Art

Personenkarte:
Ex, Rivalin, Mutter, mütterliche Figur, ältere Frau

Farbe:
grün

Eigene Interpretationen:

8 Sarg

Bildbeschreibung:

Es ist eigentlich nichts weiter zu sehen, als ein aufgebahrter Sarg. Schauen wir aber auf das Bild als Szene, ist klar, dass es sich hier auch um eine Beerdigung handeln kann, die Abschied, Trauer und Schmerz bedeutet. Sie gibt den Tod wieder. Das Ende vom Leben, quasi eine Verneinung. Der Sarg ist zudem verschlossen. Etwas kreativer betrachtet und im Vergleich mit andern Karten haben wie hier den einzigen Kasten oder eine Kiste. Die Karte wirkt düster und dunkel.

Bedeutungsebenen allgemein:

- Ende
- Beendigung
- Krankheit
- Tod (nicht als alleinige Karte)
- Transformation
- klares Nein
- Möbel
- Kisten
- Kästen
- Behälter

Eigenschaften:
verschlossen, negativ, dunkel, beendet

Gesundheit:
Krankheit allgemein

Farbe:
schwarz

Eigene Interpretationen:

9 Blumen

Bildbeschreibung:

Wir sehen einen hübschen, bunten Strauß mit aufgeblühten Blumen. Viele Farben vereinen sich hier in einem Bild. Blumensträuße bringt man gerne zu einem Besuch als Geschenk mit. Das Bild wirkt sehr freundlich und frühlingshaft. Es erinnert auch an Bilder mit einem Stillleben. Die Pikdame deutet auf eine Frau mittleren Alters hin.

Bedeutungsebenen allgemein:

- Blumen
- Blumenstrauß
- Geschenk
- Zufriedenheit
- Besuch
- Schönheit
- Attraktivität
- Gemälde
- Bilder
- Foto
- Kosmetik
- Beauty

Eigenschaften:
bunt, freundlich, fröhlich, schön, blumig, zufrieden

Gesundheit:
Geschwür, Wucherung, Kräuter, Naturheilkunde

Zeitliche Qualität:
Frühling, März

Personenkarte:
Frau mittleren Alters, Verwandte, Freundin

Farbe:
bunt

Eigene Interpretationen:

___

___

___

___

10 Sense

Bildbeschreibung:

Auf dem Bild können wir eine Szene erkennen, die eine Ernte darstellt. Die Sense ist gegen das geschnittene Korn gelegt. Allerdings könnte es ganz schön gefährlich sein, plötzlich an die Spitze der Sense zu geraten, da sie sehr scharf ist. Es besteht also Verletzungsgefahr. Mit Ernte lässt sich auch eine erfolgreiche Sommersaison verbinden. Das Ernten selbst ist allerdings eine ziemliche belastende Arbeit. Der Karobube deutet auf einen jungen Mann, jungen Buben hin.

Bedeutungsebenen allgemein:

- Ernte
- Erfolg
- Aufschwung
- Gefahr
- Belastung
- Schärfe
- Schere
- Messer

Eigenschaften:
scharf, gefährlich, verletzend, belastend, pieckig

Gesundheit:
Operation, Schmerzen, Unfall,

Zeitliche Qualität:
plötzlich, unerwartet, Herbst, Oktober

Personenkarte:
junger Mann, Junge

Farbe:
golden bis rostrot

Eigene Interpretationen:

11 Ruten

Bildbeschreibung:

Das Bild stellt zwei Ruten beziehungsweise Geißelgeräte und einen Dornenkranz dar, die an sich schon eine aggressive Stimmung verbreiten können und kampfbereit wirken. Geißelgeräte dienen aber auch der inneren Kommunikation. Im Vergleich mit anderen Karten sehen wir hier die einzigen „Handwerkzeuge“. Der Kreuzbube weist auf einen älteren Mann/Jungen hin.

Bedeutungsebenen allgemein:

- Diskussionen
- Gespräche
- Kampf
- auch innere Kämpfe
- Aggression
- Handwerk
- Pinsel
- Stifte
- Werkzeuge aller Art ohne Klinge

Eigenschaften:
aggressiv, kommunikativ, kämpferisch, handwerklich

***Gesundheit*:**
Arme, Hände

Personenkarte:
älterer Mann, älterer Junge

Farbe:
braun

Zahlenwert:
2

Eigene Interpretationen:

12 Eulen

Bildbeschreibung:

Auf dieser Karte sitzen zwei Eulen auf einem Baum. Mit großen Augen schauen sie uns an. Sie bilden ein Pärchen. Eulen stehen in unseren Breitengraden für Weisheit und Alter. Das Bild an sich wirkt allerdings etwas düster und von der Stimmung her bekümmert.

Bedeutungsebenen allgemein:

- Kummer
- Sorgen
- Stress
- Blick
- Weisheit

Eigenschaften:
gestresst, weise, besorgt, flattrig

Gesundheit:
Augen, Nervosität

Personenkarte:
Großeltern, ältere Leute

Haustiere:
Vögel aller Art

Farbe:
getigert, gestreift, bräunlich

Zahlenwert:
2

Aus Erfahrung:
Telefonat, Telefon

Eigene Interpretationen:

13 Kind

Bildbeschreibung:

Hier siehst du ein unschuldiges, kleines Mädchen, ein Kind in einem weißen Kleid und mit einem Blumenstrauß in der Hand. Die Situation wirkt friedlich. Wenn du an Kinder denkst, fällt einem ein, dass Kinder unbeschwert, neugierig und vielleicht auch naiv sind. Bekommt man ein Kind, fängt ein neuer Lebensabschnitt an. Der Pikbube weist auf einen jungen Mann, einen Jungen hin.

Bedeutungsebenen allgemein:

- Kind
- eigene Kindheit
- Unschuld
- Neugier
- Neuanfang
- etwas Kleines
- Wachstum
- Entwicklung
- Naivität

Eigenschaften:
kindlich, naiv, neugierig, klein, verspielt, unschuldig

Gesundheit:
Fruchtbarkeit

Personenkarte:
kleines Kind, junger Mann, Junge

Farbe:
weiß

Eigene Interpretationen:

14 Fuchs

Bildbeschreibung:

Diese Karte zeigt einen Fuchs auf einem Feld beziehungsweise einer Wiese. Füchse gelten bei uns als schlau und gerissen. Ihnen wird jedoch auch Hinterlistigkeit unterstellt. Es wirkt, als wenn sich der Fuchs anschleicht und etwas im Schilde führt, da er die Ohren spitzt.

Bedeutungsebenen allgemein:

- Lügen
- Intrigen
- Genialität
- Falschheit
- List
- Bauernschläue

Eigenschaften:
listig, verschmitzt, intrigant, schlau

Gesundheit:
Ohren

Haustier:
Katze, Fuchs

Farbe:
rot, rostrot, feuerrot

Eigene Interpretationen:

15 BÄR

Bildbeschreibung:

Wir sehen einen großen, starken, alten Bären. Er steht in all seiner Pracht und Macht da. Er präsentiert sich, als wenn er sich aufplustert und flößt in seiner Erscheinung Respekt und Ehrfurcht ein. Er wirkt gut genährt und wird sicherlich ganz schön schwer sein.

Bedeutungsebenen allgemein:

- Kraft
- Stärke
- eigene Kraft und Stärke
- Gewicht
- Größe

Eigenschaften:
mächtig, kräftig, gewichtig, groß, stark

Gesundheit:
eigene Kraft, Persönlichkeit

Personenkarte:
Vorgesetzter, Führungsposition, Selbständiger, Arzt, Anwalt

Haustier:
Wildtiere

Zeitliche Qualität:
15 Jahre

Farbe:
braun

Eigene Interpretationen:

16 Sterne

Bildbeschreibung:

Diese Karte zeigt einen klaren Sternenhimmel, mit vielen funkelnden, fast kristallin anmutenden Sternen. Klare Sternennächte sind in der Regel kälter als bewölkte. Der Blick in die Sterne erinnert uns auch an Astrologie und Astronomie und verheißt uns Glück. Wir können nach den Sternen greifen

Bedeutungsebenen allgemein:

- Glück
- Spiritualität
- Klarheit
- Kälte
- Ziele

Eigenschaften:
klar, kalt, kühl, spirituell, etwas klärt sich, kribbelig

Gesundheit:
Zuckerhaushalt, Mineralhaushalt

Zeitliche Qualität:
nachts, Winter, Januar

Zahlenwert:
viele

Farbe:
metallic, funkelnd

Eigene Interpretationen:

17 STÖRCHE

Bildbeschreibung:

Wenn du dir die Karte ansiehst, erkennst du zwei Störche auf einem Dach in ihrem Nest. Einer der Störche steht mit seinen langen Beinen direkt im Nest, der andere bricht gerade auf. Es ist, als wenn sie die Plätze tauschen, damit die Situation verändern und nur die Hälfte des Pärchens im Nest ist. Störche sind Zugvögel und fliegen weite Strecken in den Süden und kommen gen Frühjahr aus ihren Wintergebieten zurück. Die Herzdame auf der Karte weist auf eine jüngere Frau, ein Mädchen hin.

Bedeutungsebenen allgemein:

- Veränderung
- Flexibilität
- Fliegen

Eigenschaften:
launisch, wechselhaft, flexibel, veränderlich

Gesundheit:
Beine

Personenkarte:
junge Frau, Mädchen, Verwandte, Freundin

Zeitliche Qualität:
Februar, halbes Jahr

Zahlenwert:
2

Eigene Interpretationen:

18 Hund

Bildbeschreibung:

Hier sehen wir einen deutschen Schäferhund in einer geduldig wartenden Situation vor seiner Hundehütte liegen. Er scheint freundlich und ruhig zu sein. Er könnte aber auch etwas bewachen und jederzeit bellen. Er scheint ein gepflegtes Fell zu haben. Der Hund im Allgemeinen ist zudem der beste Freund des Menschen.

Bedeutungsebenen allgemein:

- Freundschaft
- treuer Begleiter
- Treue
- Geduld
- Wachsamkeit

Eigenschaften:
treu, freundlich, geduldig, wachsam

Gesundheit:
Stimme, Hals und Rachen, Haut, Haare

Personenkarte:
Freund allgemein, also auch Freundin

Haustier:
Hund

Zeitliche Qualität:
längere Zeit

Eigene Interpretationen:

____

____

____

____

19 TURM

Bildbeschreibung:

Du siehst einen Turm und eine Mauer. Es scheint eine Stadtgrenze oder ähnliches zu sein. Er grenzt buchstäblich die dahinter liegenden Gebäude vom umliegenden Land ab und schützt sie. Er steht so stabil da wie eine Eins. Stadtgrenzen in dieser Art sind amtliche Gebäude.

Bedeutungsebenen allgemein:

- Trennung
- Isolation
- Rückzug
- Ausland
- Grenze
- Behörde
- Amt
- Stütze

Eigenschaften:
isoliert, abgrenzend, ausländisch, amtlich

Gesundheit:
Wirbelsäule, Rückgrat

Zeitliche Qualität:
1 Jahr

Zahlenwert:

1

Eigene Interpretationen:

20 Park

Bildbeschreibung:

Auf der Karte ist eine öffentliche Treppe, die in einen Park zu führen scheint, dargestellt. Alles ist grün und die Atmosphäre wirkt friedlich. In Parks oder auch öffentlichen Gärten treffen sich in der Regel Menschen für gemeinsame Spaziergänge und Aktivitäten. Wir könnten hier jedoch auch vor einem schönen, alten und großen Garten stehen.

Bedeutungsebenen allgemein:

- Öffentlichkeit
- Treffen
- Treppe
- Garten
- Park
- Im Grünen

Eigenschaften:
offen sein, sich öffnen, öffentlich

Zeitliche Qualität:
Mai

Farbe:
grün

Eigene Interpretationen:

21 BERG

Bildbeschreibung:

Wir sehen eine Berglandschaft mit einem prominenten Berg. Berge waren in alten Zeiten immer Hindernisse, wenn man Reisen wollte, die es zu überwinden galt.

Bedeutungsebenen allgemein:

- Blockade, Hindernis
- Probleme
- Frust
- Berge, Gebirge
- Stein, Felsen

Eigenschaften:
abblocken, blockiert sein, frustriert, stur sein

Gesundheit:
Kopf, Gehirn

Farbe:
grau

Eigene Interpretationen:

22 WEGE

Bildbeschreibung:

Auf dieser Karte ist ein Feldweg abgebildet. Er geht in mehrere Richtungen. Es sieht also so aus, als ob wir uns an dieser Kreuzung entscheiden müssten, welchen Weg wir einschlagen wollen. Im Hintergrund können wir eine Brücke erkennen. Die Karodame weist auf eine sehr junge Frau, ein junges Mädchen hin.

Bedeutungsebenen allgemein:

- Entscheidung
- Straße, Wege
- Brücke

Eigenschaften:
unterwegs sein, entscheidungsfreudig

Personenkarte:
sehr junge Frau, junges Mädchen, Verwandte, Freundin

Zeitliche Qualität:
6-8 Wochen

Zahlenwert:
2

Eigene Interpretationen:

23 Mäuse

Bildbeschreibung:

Hier kannst Du viele kleine Mäuse sehen, die offenbar auf einem Häufchen Essbares sitzen und es weg nagen. Der Mäusehaufen wirkt in der realen Vorstellung richtig kribbelig. Mäuse können durch ihre schnelle Vermehrung auch schnell zur Plage werden. Und sie stibitzen gerne etwas von unserem Essen.

Bedeutungsebenen allgemein:

- Zahlen
- Verlust
- Diebstahl
- Vermehrung
- Vernunft, Verstand
- Rationalität

Eigenschaften:
kribbelig

Gesundheit:
Leber

Haustier:
Mäuse, Ratten

Farbe:
grau

Zahlenwert:
viele

Eigene Interpretationen:

24 Herz

Bildbeschreibung:

Auf dieser Karte sehen wir ein Herz, das mit Rosen umrankt ist, die ein Symbol für die Liebe sind. Es strahlt damit viel Herzlichkeit und Wärme aus. Die schönsten Rosen blühen im August. Der Herzbube deutet auf einen jungen Mann, einen Jungen hin.

Bedeutungsebenen allgemein:

- Liebe
- Wärme
- Herzlichkeit
- Rosen
- Ranken

Eigenschaften:
lieb, liebevoll, warm, herzlich

Gesundheit:
Herz, Blut

Personenkarte:
junger Mann, Junge, Verwandter, Freund

Zeitliche Qualität:
August

Farbe:
rot

Eigene Interpretationen:

25 RING

Bildbeschreibung:

Hier haben wir einen schönen Ring auf dem Bild. Er scheint mit einem Rubin besetzt zu sein. Ringe deuten in unserer Gesellschaft auf eine feste Verbindung oder auch eine Ehe hin. Es ist aber auch die einzige Karte, die einen Kreis beziehungsweise etwas Rundes darstellt.

Bedeutungsebenen allgemein:

- Partnerschaft,
- Verbindung allgemein
- Beziehung
- Vertrag
- Schmuck
- Kreis
- alles was rund ist

Eigenschaften:
immer wiederkehrend, sich wiederholend, ohne Anfang und Ende, sich im Kreis drehen, rotieren

Farbe:
golden

Eigene Interpretationen:

26 Buch

Bildbeschreibung:

Auf diesem Bild sehen wir ein verschlossenes Buch. Es scheint alt zu sein, gefüllt mit altem Wissen. Man könnte auch an ein „Buch mit sieben Siegeln“ denken. Also etwas, das geheim scheint und von uns nicht verstanden wird. Aus Büchern können wir viel lernen.

Bedeutungsebenen allgemein:

- Geheimnis
- Buch
- Weisheit
- Bücher allgemein
- Lernen

Eigenschaften:
weise, geheimnisvoll, wissbegierig, belesen

Gesundheit:
Erinnerungsvermögen, Gedächtnis

Farbe:
rotbraun

Eigene Interpretationen:

27 Brief

Bildbeschreibung:

Wir sehen hier einen Brief auf einem hübschen kleinen Tischchen oder Regal. Der Brief ist verschlossen, sehr flach und scheint aus rosafarbenem Papier zu sein. Er enthält eine schriftliche Nachricht. Wir können sie jedoch nicht sehen, sondern nur oberflächlich auf den Brief schauen. Es könnte sich aber ebenso um ein versiegeltes Dokument handeln.

Bedeutungsebenen allgemein:

- Schriftliche Nachrichten
- Oberflächlichkeit
- Unterlagen
- Papiere

Eigenschaften:
oberflächlich, flach, platt

Farbe:
rosa

Aus Erfahrung:
Handtaschen, Decken, Kissen

Eigene Interpretationen:

28 Herr

Bildbeschreibung:

Wir sehen einen Herrn, nett gekleidet in einem Park. Diese Karte ist die einzige, die eine männliche Hauptperson abbildet.

Bedeutungsebenen allgemein:

- Herzensmann
- Männliche Hauptperson / Fragesteller

Eigene Interpretationen:

____

____

____

____

29 Dame

Bildbeschreibung:

Hier haben wir eine Dame in einem hübschen Klein in einem Park. Diese Karte ist die einzige, die eine weibliche Hauptperson abbildet.

Bedeutungsebenen allgemein:

- Herzensdame
- Weibliche Hauptperson / Fragestellerin

Eigene Interpretationen:

30 Lilie

Bildbeschreibung:

Auf dieser Karte siehst Du eine weiße Lilie. Die weiße Lilie steht als Symbol für Reinheit und Schönheit, aber auch für den Tod. Durch ihren Duft betören Lilien und sorgen so dafür, dass sie bestäubt werden. Sie strahlt zwar Frieden und Harmonie aus. Die Karte wirkt durch die kühlen Farben jedoch kalt.

Bedeutungsebenen allgemein:

- Sexualität
- Reinheit
- Familie
- Harmonie
- Kälte

Eigenschaften:
sexy, betörend, rein, kalt, harmonisch, familiär

Gesundheit:
Geschlechtsorgane, Sexualität

Zeitliche Qualität:
Winter, Dezember

Farbe:
weiß, türkis

Eigene Interpretationen:

31 Sonne

Bildbeschreibung:

Hier siehst du die strahlende Sonne über einer traumhaft schönen Landschaft. Alles sieht nach einem wunderschönen, warmen bis heißen Sommertag aus. Als wenn das Leben laut „Ja!“ sagt. Es ist eine sehr positive Karte, die viel Freude ausdrückt. Die Sonne ist die größte Energiequelle, die wir kennen.

Bedeutungsebenen allgemein:

- großes Glück
- Freude
- Wärme
- Hitze
- Klares Ja
- Energie

Eigenschaften:
warm, heiß, positiv, wärmend, energetisch, hell

Gesundheit:
Energiehaushalt, Wärmehaushalt

Zeitliche Qualität:
Sommer, tagsüber, Juni, Juli

Farbe:
gelb, sonnengelb, golden, hell

Eigene Interpretationen:

32 MOND

Bildbeschreibung:

Auf dieser Karte haben wir einen lauen Nachthimmel mit einer Mondsichel am Firmament. Es ist nachts und wir sehen unter dem Mond auch eine alte Burg oder ein Schloss. Die Dunkelheit macht uns oft Angst. Symbolisch steht der Mond auch immer für Träume, über die wir unsere Psyche analysieren können. Der Mond braucht etwa einen Monat um einmal abzunehmen und wieder zuzunehmen.

Bedeutungsebenen allgemein:

- Angst
- Träume
- Psychologie

Eigenschaften:
ängstlich, erfolgreich, verträumt, eifersüchtig

Gesundheit:
Psyche

Zeitliche Qualität:
abends, Dämmerung, ein Monat

Aus Erfahrung:
Eifersucht, Erfolg, Sehnsucht, Anerkennung

Farbe:
dunkel, dunkelblau

Eigene Interpretationen:

33 Schlüssel

Bildbeschreibung:

Hier sehen wir auf dem Bild nur einen Schlüssel an einem Band. Mit Schlüsseln schließt man Dinge weg oder ein. Er symbolisiert dadurch auch Sicherheit. Der Schlüssel für ein Problem ist immer eine Lösung. Das Schlüsselband erinnert an einen Notenschlüssel.

Bedeutungsebenen allgemein:

- 100 Prozent
- Sicherheit
- Absicherung
- Schlüssel
- Musik
- Lösung

Eigenschaften:
aufgeschlossen oder verschlossen, abgesichert, lösungsorientiert

Eigene Interpretationen:

____

____

____

____

34 Fische

Bildbeschreibung:

Hier können wir einige Fische offenbar im tiefen Meer erkennen, da sich im Hintergrund ganz klein ein Schiff bewegt. Wer Fische besaß galt früher als wohlhabend. Das hier Wasser abgebildet ist, können wir auch auf Flüssigkeiten schließen, die symbolisch wiederum immer für tiefe Gefühle stehen. Der Karokönig deutet auf einen jungen Mann hin.

Bedeutungsebenen allgemein:

- tiefe Gefühle
- Geld
- Trinkverhalten
- Getränke

Eigenschaften:
tief, monetär

Gesundheit:
Nieren, Wasserhaushalt

Personenkarte:
junger Mann

Haustier:
Fische, Aquarium

Farbe:
blau

Aus Erfahrung:
etwa 30 Tage, Internet, Handy

Eigene Interpretationen:

35 Anker

Bildbeschreibung:

Hier siehst du einen großen Anker auf dem Bild. Er scheint ein Boot am Ufer zu verankern und festzuhalten. Er symbolisiert somit auch Stabilität. Da das Boot ohne den Anker einzuholen, jedoch nicht auslaufen kann, besteht auch eine Art Abhängigkeit. Auf dem Boot selbst könnten Fischer arbeiten.

Bedeutungsebenen allgemein:

- Arbeit
- Beruf
- Job
- Festhalten
- Abhängigkeit
- Stabilität, auch die eigene

Eigenschaften:
klammernd, stabil, festhaltend, abhängig

Eigene Interpretationen:

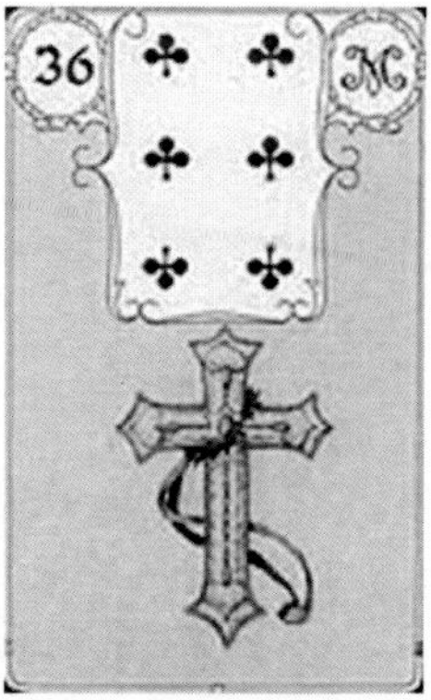

36 Kreuz

Bildbeschreibung:

Auf dieser Karte ist ein goldenes großes und hübsches Kreuz dargestellt. Das Kreuz als Symbol erinnert uns in unserer Kultur an das Leiden Christi.

Bedeutungsebenen allgemein:

- Karma
- Leid
- Symbole

Eigenschaften:
leidend, symbolisch, karmisch, schicksalhaft

Eigene Interpretationen:

____

Schlüsselkarten

Für alle Bereiche des Lebens gibt es im Lenormand Kartendeck sogenannte Schlüsselkarten. Diese zieht man heran, wenn man sich einen dieser Bereiche genauer ansehen will oder von jemandem nach ihnen auch gefragt wird. Die Karten die in der Legung direkt drum herum liegen geben Aufschluss über die Thematik.

Die Schlüsselkarten in diesem Deck

Liebe	24 Herz
Herzensmann	28 Herr
Herzensdame	29 Dame
Beruf	35 Anker
Geld	34 Fische
Gesundheit	5 Baum
Krankheit	8 Sarg
Spiritualität	16 Sterne

ZWEIER-KOMBINATIONEN

Du hast nun die Grundbegriffe jeder einzelnen Karte kennengelernt. Nun wird es Zeit, dass wir diese Bedeutungen schon etwas mehr zusammen zu fassen, um neue Bedeutungen hinzuzugewinnen oder erste Aussagen treffen zu können. Wir kombinieren die Karten!

Auch hier möchten wir dich bitten, deinen Geist weit und dein Herz offen zu halten. Lege dir am besten die Karten zusammen hin und schau, was du neben unseren Aussagen auch für dich selbst erkennen kannst. Wir lassen dir wieder Raum für eigene Interpretationen. Denn wir werden sicherlich nicht alle möglichen Aussagen, die es tatsächlich gibt, greifen können. Bedenke auch, dass alle Kombinationen nur „mögliche" Aussagen sind. Ob die Aussage, die durch zwei Karten in Kombination getroffen wird, so stimmt, sieht man nur im Zusammenhang einer Legung. Du wirst ebenfalls sehen, dass einige Aussagen mehrere Kombinationsmöglichkeiten haben.

1 Reiter

in Verbindung mit

Klee Glücksbote, glückliche Nachricht, glückliches Treffen, Sport/Bewegung macht glücklich, vierrädriges Fahrzeug = Auto (mit Ring), grünes Auto

Schiff Beschleunigung, in Fahrt sein, Aufbruch in eine Reise, Segelsport

Haus Wohnwagen, Bewegung im Haus, Fitnessstudio, Reitstall, Gestüt

Baum Bewegung im Leben, Sport ist das Leben, bewegtes Leben, aktives Leben

Wolken Probleme mit den Gelenken, Sport nur halb betreiben, Bewegungsprobleme, problematische Nachrichten

Schlange Umwege machen, Sport reduzieren, Instabilität in den Gelenken

Sarg	Gelenke sind krank, schwarzes Pferd, negative Nachrichten, keine Unternehmungen
Blumen	hübsches Pferd, freundliche Nachrichten, Fleurop
Sense	Unfallgefahr mit Auto, Fahrrad, Motorrad, Pferd, Verletzungsgefahr für die Gelenke, Gelenkschmerzen, plötzlicher Aufbruch
Ruten	Kampfsport, sportlicher Wettkampf, Bewegung in den Händen = Schläge, Zweirad = Fahrrad, Motorrad oder Mofa (mit Ring)
Eulen	Bewegung in den Augen = Suchen, flüchtiger Blick, Zweirad = Fahrrad, Motorrad oder Mofa
Kind	kleines Pferd, Fohlen, Pony, Kinderturnen
Fuchs	falsche Nachrichten, Ente, keine Bewegung, kein Sport
Bär	große Neuigkeiten, große Unternehmungen
Sterne	Astralreisen, Wintersport, nachtaktiv
Störche	Veränderung der Sportart, Richtungswechsel, Umkehr, Zweirad = Fahrrad, Motorrad oder Mofa (mit Ring)
Hund	Hundesport, Unternehmungen mit Freunden, Teamsportarten

Turm	Grenzüberschreitung, Bewegung in einer Trennung = Trennung läuft
Park	Sport im Freien, öffentliche Nachrichten
Berg	kein Sport, keine Bewegung, alpine Sportarten, keine Nachrichten, Gehirnjogging
Wege	Fahrzeug auf Straße, Blutwege = Adern, Entscheidungen die eigenen Unternehmungen betreffend
Mäuse	Verlust des Sports, Verlust von Nachrichten, keine Bewegung
Herz	Liebesbotschaft, rotes Fahrzeug, Herzklopfen
Ring	Autoreifen, Lenkrad, Ballsportart, Schmucklieferung
Buch	Aktives Lernen, Sportbuch
Brief	oberflächliche Nachricht, schriftliche Nachricht, Postbote
Herr	sportlicher, impulsiver, aktiver Mann
Dame	sportliche, impulsive, aktive Frau
Lilie	aktive Sexualität, harmonische Bewegung, familiäre Unternehmungen
Sonne	Sommersportarten, Sport ist positiv, Unternehmungen tagsüber

Mond	Nachtkurier, bewegte Ängste, nächtliche Unruhe, Unternehmungen am Abend
Schlüssel	Tanzen, Sicherheitsdienst, Schlüsseldienst, Nachricht kommt sicher
Fische	Wassersportarten, Angeln, Bewegung in den Finanzen
Anker	Berufssportler, Job im Außendienst, Berufskraftfahrer, Busfahrer
Kreuz	aktives Leid, Kummer

Eigene Interpretationen:

____

____

____

____

____

____

____

2 KLEE

in Verbindung mit

Reiter	Glücksbote, glückliche Nachricht, glückliches Treffen, Sport/Bewegung macht glücklich, vierrädriges Fahrzeug = Auto (mit Ring), grünes Auto
Schiff	kleines Boot, Kurzreise, Reise im April, kurze Distanz, Reise in Kürze
Haus	kleines Haus, glückliches Heim, Restaurant, Bar oder Kneipe, Küche
Baum	Lebensglück, glückliches Leben, gesunde Ernährung
Wolken	Probleme im Essverhalten, getrübtes Glück, glückliche Klärung, kurzfristige Unklarheiten
Schlange	Glück auf Umwegen, Verdauung, Pflanzengifte, Reduzierung des Essens = Diät
Sarg	Unglück, totunglücklich sein, kein Glück haben

Blumen	kurze Freude, kurzer Besuch, kleines Geschenk, Salat, vegetarische Ernährung
Sense	kurzer Schmerz, plötzliches Glück, kleine Verletzung
Ruten	ums Glück kämpfen, glückliche Gespräche, kurze Gespräche
Eulen	grüne Augen, kurzes Telefonat, kurzer Kummer
Kind	glückliche Kindheit, glückliches Kind, sehr kleines Glück
Fuchs	falsches Glück, glücklich sein ist falsch = unglücklich
Bär	großes Glück, große Mengen essen, Fleischgericht
Sterne	glücklich mit Astrologie, gezuckerte Speisen
Störche	glückliche Wende, glückliche Veränderung
Hund	kleine Freundschaft, glücklich mit Freunden, kurze Freundschaft
Turm	getrennt vom Glück = unglücklich, kurze Trennung, Glück liegt im Ausland
Park	Glück in der Öffentlichkeit, glückliches Treffen
Berg	kleine Blockade, kleiner Berg, Bergwiese

Wege	glückliche Entscheidung, kurzer Weg, Entscheidung das eigene Glück betreffend
Mäuse	Glück geht in den Verlust, unglücklich
Herz	glücklich verliebt, Glück in der Liebe, kurzes Liebesglück
Ring	glückliche Verbindung, gute Verträge, kurze Verbindung
Buch	Diätbuch, Kochbuch, geheimes Glück
Brief	glückliche Nachricht, kurzfristige Nachricht, Lottoschein
Herr	glücklicher Mann, Glückspilz
Dame	glückliche Frau, Glückspilz
Lilie	glückliche Sexualität, glückliche Familie, kleine Familie
Sonne	kurzfristig Kraft und Energie, Glück kommt im Sommer,
Mond	Glücklich sein über Anerkennung und Erfolg, kurzfristiger Erfolg
Schlüssel	kurzfristige Sicherheit, mit Sicherheit glücklich
Fische	Glück mit Geld, kleine Geldsumme, Fischgericht, Bier

Anker	kleiner Job im Sinne von Halbtagsjob oder 400 Euro Job, glücklich mit der Arbeit
Kreuz	Glück ist besiegelt, kurzfristiges Leid

Eigene Interpretationen:

3 SCHIFF

in Verbindung mit

Reiter	Beschleunigung, in Fahrt sein, Aufbruch in eine Reise, Segelsport
Klee	kleines Boot, Kurzreise, Reise im April, kurze Distanz, Reise in Kürze, kurzfristige Schwankungen
Haus	Hausboot, Heimweh, Heimreise, Ferienwohnung, Haus am Meer
Baum	Holzboot, Lebensreise, Schwankungen im Leben, Traurigkeit im Leben, trauriges Leben, Reisen ist das Leben
Wolken	problematische Reise, schlechtes Wetter im Urlaub, halbschöner Urlaub
Schlange	Reise auf Umwegen, Reise mit kleiner Verzögerung, Höhen und Tiefen auf der Reise, Verkürzung der Reise

Sarg	keine Reise, seekrank, Seebestattung
Blumen	schöne Reise, Reise mit einer Freundin oder netten Frau, Reisebekanntschaft
Sense	Belastungen auf der Reise, belastende Reise, plötzliche Reise
Ruten	Reisegespräche, innerer Kampf mit einer Reise
Eulen	zwei Reisen, Reise mit Kummer, Weinen
Kind	kleines Boot, kurze Reise, kleine Distanz, Reise mit Kindern, kleine Schwankungen, Wachstum der Sehnsucht, wachsendes Fernweh, kleine Distanz (räumlich)
Fuchs	Reise ist falsch = keine Reise, Boot ist falsch = kein Boot
Bär	große, lange Reise, großes Schiff, große Schwankungen, große Sehnsucht, große Distanz (räumlich)
Sterne	Astralreise, Reise in den Norden, in kalte Länder, viele Reisen
Störche	Flugreise, Schwankungen verändern sich
Hund	Reise mit Freunden, Reise zu Freunden, Reisefreundschaft, Schwankungen sind von Dauer
Turm	Reise ins Ausland, von einer Reise getrennt = keine Reise

Park	Reisegesellschaft
Berg	Reise ist blockiert = keine Reise, Reise in die Berge, Schwankungen sind blockiert = keine Schwankungen
Wege	Reiseroute, Entscheidung eine Reise betreffend, traurige Entscheidung
Mäuse	Reise geht in den Verlust, Schwankungen gehen in den Verlust, Sehnsucht geht in den Verlust
Herz	Sehnsucht nach Liebe, Reise aus Liebe, Herz hängt an der Reise
Ring	Rundreise, Reiseverbindung, Fernbeziehung
Buch	Reiseplanung, Reise, die im Geheimen liegt
Brief	Reiseunterlagen, Reisepapiere, Urlaubpostkarte, Nachricht aus der Ferne, traurige Nachricht
Herr	reiselustiger Mann, Herzensmann lebt weiter weg
Dame	reiselustige Frau, Herzensdame lebt weiter weg
Lilie	Familienurlaub, Schwankungen in der Familie, Schwankungen in der Sexualität
Sonne	Reise in den Süden, Energieschwankungen

Mond	Angst vor der Reise, abends kommt die Sehnsucht, die Traurigkeit, Depression
Schlüssel	sichere Reise, Reise kommt 100%ig
Fische	Schwankungen im finanziellen Bereich, tiefgehende Sehnsucht, sehr tiefe Traurigkeit
Anker	Beruf der mit Booten und Schiffen zu tun hat, Arbeit im Hafen, Schwankungen im Job, Geschäftsreise
Kreuz	Leid während der Reise, schicksalshafte Reise

Eigene Interpretationen:

4 HAUS

in Verbindung mit

Reiter	Wohnwagen, Bewegung im Haus, Fitnessstudio, Reitstall, Gestüt
Klee	kleines Haus, glückliches Heim, Restaurant, Bar oder Kneipe, Küche
Schiff	Hausboot, Heimweh, Heimreise, Ferienwohnung, Haus am Meer
Baum	Baumhaus, Haus aus Holz, Holzhütte, ökologisches Heim, Krankenhaus
Wolken	Probleme im häuslichen Bereich, Probleme mit einer Wohnung/einem Haus, Probleme in der Familie, Unordnung im Haus
Schlange	chaotischer Haushalt
Sarg	Bestattungsinstitut, Schlafzimmer, Krankenhaus, Haus ist negativ, kein Zuhause

Blumen	Blumenladen, Gewächshaus, Besuch im Haus, Modegeschäft, Beautysalon, schönes Haus, schöne Wohnung
Sense	Belastungen im häuslichen Bereich, Waffenkammer, Belastungen mit Grundbesitz
Ruten	Kampf um ein Haus/eine Wohnung, Gespräche im häuslichem Bereich, Geräteschuppen
Eulen	Stress im häuslichen Bereich, Unruhe im Zuhause, zweite Wohnung, Vogelhaus
Kind	kleines Haus, kleine Wohnung, Kinderheim, Kinder im Haus, kleiner Grundbesitz, kleines Grundstück
Fuchs	Katzen im Haus, falsches Haus, nicht häuslich
Bär	großes Haus, großes Grundstück
Sterne	Sternwarte, blank geputztes Haus, Klärung im häuslichen Bereich
Störche	häusliche Veränderung, Umzug, zwei Wohnungen, zwei Häuser
Hund	Hundehütte, Hunde im Haus, Wohngemeinschaft
Turm	Trennung vom Haus, Wohnungsamt, Bauamt, getrennt von zuhause = nicht daheim

Park	öffentliches Gebäude, freiliegendes Haus, Wohnen im Grünen, Haus mit Garten
Berg	Hausblockade, Besetzung, Haus in den Bergen
Wege	Weg nach Hause, Entscheidung das Zuhause betreffend
Mäuse	Verlust des Hauses, Verlust der Wohnung, Nager im Haus, Diebstahl im Haus
Herz	Herzlichkeit zuhause, Herz hängt am Zuhause, rotes Haus, Liebe im Haus
Ring	Schmuckgeschäft, zuhause geht's rund, häusliche Verbindungen
Buch	Bibliothek, Schule, Geheimnis das zuhause betreffend, Hausplanung
Brief	Mietvertrag, Dokumente das Zuhause betreffend, Nachricht kommt ins Haus
Herr	häuslicher Mann, Hausherr
Dame	häusliche Frau, Dame des Hauses
Lilie	Familienbesitz, Sexshop, Bordell, harmonisches Zuhause
Sonne	Wohnung/Haus im Süden, gelbes, helles Haus, Licht im Haus, Sommerresidenz, Haus ist positiv

Mond	Angst zuhause, Angst um den Besitz, Erfolg im Haus
Schlüssel	Schlüsseldienst, mit Sicherheit Eigentum, schlüsselfertiges Haus, Sicherheit im Zuhause
Fische	kleine Bank, Haus am Wasser
Anker	Immobilienmakler, Hauswirtschaft, Arbeiten am Haus
Kreuz	Leid im Haus, Leid wegen Wohnung/Haus, Haus ist schicksalshaft

Eigene Interpretationen:

5 Baum

in Verbindung mit

Reiter	Bewegung im Leben, Sport ist das Leben, bewegtes Leben, aktives Leben
Klee	Lebensglück, glückliches Leben, gesunde Ernährung
Schiff	Holzboot, Lebensreise, Schwankungen im Leben, Traurigkeit im Leben, trauriges Leben, Reisen ist das Leben
Haus	Baumhaus, Haus aus Holz, Holzhütte, ökologisches Heim, Krankenhaus
Wolken	Probleme im Leben, trübes Leben, gesundheitliche Problem, ehemaliger Lebenspartner
Schlange	Höhen und Tiefen im Leben, chaotisches Leben, ehemalige Lebenspartnerin
Sarg	Lebensende, düsteres Leben, negatives Leben, Krankheit

Blumen	buntes Leben, schönes Leben, blühender Baum, Aufblühen der Gesundheit = Heilung
Sense	Lebensgefahr, lebensgefährliche Verletzung, Aufschwung im Leben, Erfolg ist das Leben
Ruten	Lebenskampf, kämpfen im Leben, Gespräche über das Leben, Lebensberatung
Eulen	kummervolles Leben, Sorgen um die Gesundheit
Kind	7-10 Jahre altes Kind, in der Kindheit leben, kleiner Baum, Neuanfang im Leben
Fuchs	falsches Leben, Lebenslüge, Gesundheit ist falsch = krank
Bär	Stärke im Leben, stabile Persönlichkeit, großer Baum
Sterne	viele Bäume = Wald, Lebensklärung Kälte im Leben, Spiritualität ist das Leben, Lebensziel
Störche	Lebensveränderung, Fliegen ist das Leben, Lebenswandel
Hund	Freunde fürs Leben, lebenslange Freundschaft
Turm	Einsamkeit und Isolation im Leben, getrennt lebend, getrennt vom Leben = Tod
Park	öffentliches Leben führen, offene Lebensführung

Berg	Lebensblockade, Hindernisse im Leben
Wege	Lebensentscheidung, im Leben an einem Scheideweg stehen
Mäuse	Leben geht in den Verlust = Sterben, es nagt am Leben = krank sein
Herz	herzliches Leben, Liebe ist das Leben, Liebes des Lebens
Ring	Lebensbindung, sich im Leben im Kreise drehen, lebenslange Verbundenheit
Buch	Lebensgeheimnis, Autobiografie
Brief	Nachricht das eigene Leben betreffend, Gesundschreibung
Herr	Lebenspartner
Dame	Lebenspartnerin
Lilie	gelebte Sexualität, Familie ist das Leben, harmonisches Leben
Sonne	Lebensenergie, Lebensfreude, auf der Sonnenseite des Lebens
Mond	Lebensangst, Erfolg ist das Leben, Träume leben, Lebenstraum
Schlüssel	Sicherheit im Leben, das Leben in der eigenen Hand haben

Fische	Geld ist das Leben, tiefes Lebensgefühl
Anker	Berufung, Beruf fürs Leben, der Job ist das Leben
Kreuz	schicksalhaftes Leben, Lebensleid

Eigene Interpretationen:

6 Wolken

in Verbindung mit

Reiter	Probleme mit den Gelenken, Sport nur halb betreiben, Bewegungsprobleme, problematische Nachrichten
Klee	Probleme im Essverhalten, getrübtes Glück, glückliche Klärung, kurzfristige Unklarheiten
Schiff	problematische Reise, schlechtes Wetter im Urlaub, halbschöner Urlaub
Haus	Probleme im häuslichen Bereich, Probleme mit einer Wohnung/einem Haus, Probleme in der Familie, Unordnung im Haus
Baum	Probleme im Leben, trübes Leben, gesundheitliche Problem, ehemaliger Lebenspartner
Schlange	Klärung auf Umwegen, das Chaos klärt sich, Probleme werden reduziert, Rauschgift, giftiger Rauch, Marihuana, Haschisch

Sarg	Krankheit klärt sich, Atemwegerkrankungen
Blumen	getrübte Schönheit, verwischte Farben, getrübte Zufriedenheit
Sense	plötzlich auftauchende Probleme, plötzliche Klärung
Ruten	undurchsichtige Gespräche, unklare Gespräche, Gespräch bringt Klärung
Eulen	Kummer mit Problemen, vernebelte Sicht, getrübte Augen
Kind	kleine Unklarheiten, kleines Donnerwetter
Fuchs	Klärung ist falsch = keine Klärung, Probleme sind falsch = keine Probleme
Bär	große Probleme, Probleme mit Vorgesetztem, Großvater
Sterne	viele Probleme, Spiritualität noch undurchsichtig, Klarheit kommt
Störche	Veränderung der Probleme, Veränderung durch Probleme, Klärung durch Veränderung
Hund	dauerhaft problematisch, undurchsichtiger Freund
Turm	getrennt von Problemen = keine Probleme, behördliche Probleme und Unklarheiten, unklare Grenzen

Park	zwielichtige Gesellschaft, Probleme in der Öffentlichkeit, Probleme sich zu öffnen
Berg	Unklarheiten sind geblockt = keine Probleme, Blockade klärt sich, undurchsichtige Hindernisse
Wege	unklare Entscheidung, unklare Wege, Nebel auf den Straßen
Mäuse	Unklarheiten gehen in den Verlust, Vermehrung der Unklarheiten (je nach Lage)
Herz	getrübte Liebe, Liebeskummer, halbherzig
Ring	Beziehung zum Ex oder Vater, unklare Verbindung, Unklarheiten in der Beziehung
Buch	ein Geheimnis klärt sich, verschleierte Geheimnisse
Brief	unklare Nachrichten, trübe Nachrichten
Herr	undurchschaubarer Mann
Dame	undurchschaubare Frau, Frau ist noch gebunden (Kreuzkönig)
Lilie	unklare Familienverhältnisse, getrübte Sexualität
Sonne	positive Klärung, halbe Energie, getrübte Freude

Mond	mittelmäßiger Erfolg, getrübt durch Ängste, getrübte Psyche
Schlüssel	mit Sicherheit Probleme, unsicher
Fische	Geldprobleme, unklare Finanzverhältnisse, betrübte Gefühle
Anker	Unklarheiten im Job, problematische Arbeit
Kreuz	schicksalshafte Probleme, Leid durch Probleme

Eigene Interpretationen:

____

____

____

____

____

____

____

7 Schlange

in Verbindung mit

Reiter	Umwege machen, Sport reduzieren, Instabilität in den Gelenken
Klee	Glück auf Umwegen, Verdauung, Pflanzengift, Reduzierung des Essens = Diät
Schiff	Reise auf Umwegen, Reise mit kleiner Verzögerung, Höhen und Tiefen auf der Reise, Verkürzung der Reise
Haus	chaotischer Haushalt
Baum	Höhen und Tiefen im Leben, chaotisches Leben, ehemalige Lebenspartnerin
Wolken	Klärung auf Umwegen, das Chaos klärt sich, Probleme werden reduziert, Rauschgift, giftiger Rauch, Marihuana, Haschisch
Sarg	keine Umwege, keine Höhen und Tiefen, keine Reduzierung, Magen-Darm-Erkrankung

Blumen	auf Umwegen zur Zufriedenheit, Höhen und Tiefen in der Zufriedenheit
Sense	Magenschmerzen, bösartige Frau
Ruten	Kampf mit Höhen und Tiefen, Gespräche auf Umwegen, giftige Gespräche, redegewandt
Eulen	Schielen, kompliziertes Telefonat, zwei Frauen
Kind	kleine Umwege, kleine Verzögerung, kleine Höhen und Tiefen
Fuchs	falsche Schlange, vorsichtig sein mit dieser Frau, Höhen und Tiefen sind falsch =keine Höhen und Tiefen, keine Umwege
Bär	große Höhen und Tiefen, großer Umweg, reduzierte Kraft
Sterne	Höhen und Tiefen klären sich, Unklarheiten, Klärung auf Umwegen
Störche	Veränderung der Höhen und Tiefen, zwei Frauen, zwei Mütter oder mütterliche Figuren
Hund	Stottern, Stimmbruch, ältere Freundin, Höhen und Tiefen in der Freundschaft
Turm	von den Höhen und Tiefen getrennt = keine Höhen und Tiefen, Komplikationen mit einer Behörde

Park	Schwierigkeiten in der Öffentlichkeit, ein Treffen auf Umwegen
Berg	Höhen und Tiefen sind geblockt = keine Höhen und Tiefen, Serpentinen, keine Umwege
Wege	Kurven, Schwierigkeiten sich zu entscheiden, zwei Frauen
Mäuse	Höhen und Tiefen gehen in den Verlust, Umwege gehen in den Verlust
Herz	Herzstolpern, Liebe auf Umwegen, Mutterliebe
Ring	chaotische Beziehung, Beziehung zu Reptilien, Beziehung auf Umwegen
Buch	kompliziertes Geheimnis, Lernen macht Schwierigkeiten, keine Lust zu lernen
Brief	Nachricht kommt auf Umwegen, Nachricht von älterer Frau
Herr	komplizierter Mann, Herzensmann ist noch gebunden (Kreuzdame), giftiger Mann
Dame	komplizierte Frau, giftige Frau
Lilie	chaotische Familienverhältnisse, Familie auf Umwegen, Höhen und Tiefen in der Sexualität, Hormonschwankungen
Sonne	Höhen und Tiefen im Sommer, Umwege sind positiv, Energie ist reduziert

Mond	Höhen und Tiefen durch Ängste, psychische Höhen und Tiefen, Erfolg auf Umwegen, Anerkennung ist reduziert
Schlüssel	Höhen und Tiefen in der Sicherheit, Höhen und Tiefen mit Sicherheit, hundertprozentiges Chaos
Fische	Reduzierung des Einkommens, Schwankungen im Geld, chaotische finanzielle Verhältnisse
Anker	Job kommt auf Umwegen, Chaos auf der Arbeit, Höhen und Tiefen im Job
Kreuz	Leid reduziert sich, kompliziertes Karma

Eigene Interpretationen:

8 Sarg

in Verbindung mit

Reiter	Gelenke sind krank, schwarzes Pferd, negative Nachrichten, keine Unternehmungen
Klee	Unglück, totunglücklich sein, kein Glück haben
Schiff	keine Reise, seekrank, Seebestattung
Haus	Bestattungsinstitut, Schlafzimmer, Krankenhaus, Haus ist negativ, kein Zuhause
Baum	Lebensende, düsteres Leben, negatives Leben, Krankheit
Wolken	Krankheit klärt sich, Atemwegerkrankungen
Schlange	keine Umwege, keine Höhen und Tiefen, keine Reduzierung, Magen-Darm-Erkrankung
Blumen	keine Farbe, keine Geschenke, Unzufriedenheit, keine Heilung, nicht schön, keine Kreativität, Geschwür

Sense	plötzliche Krankheit, krank aufgrund einer Verletzung, keine Belastung, kein Aufschwung, kein Erfolg, Operation
Ruten	negative Gespräche, keine Gespräche, keine inneren Kämpfe, keine Auseinandersetzung, Hände sind krank, sprachlos
Eulen	kein Kummer, negative Gedanken, Augenerkrankungen, zwei Erkrankungen
Kind	kleine Erkrankung, Kind ist krank, keine Naivität, keine Neugier, absoluter Neuanfang
Fuchs	Erkrankung ist falsch = keine Krankheit, keine Falschheit, nicht falsch
Bär	große Erkrankung, krankhaftes Gewicht, Erkrankung der Persönlichkeit, keine Stärke, keine Kraft
Sterne	Unklarheiten, keine Spiritualität, keine Klärung
Störche	keine Veränderung, zwei Krankheiten
Hund	langwierige Erkrankung, keine Freunde, unfreundlich, Untreue, Erkrankungen der Haut, der Stimme, des Rachenraums, schwarzer Hund, sprachlos, kein Selbstwertgefühl
Turm	keine Trennung, endgültige Trennung, keine Isolation, keine Grenzüberschreitung

Park	in der Öffentlichkeit negativ, kein Treffen, verschlossen, Friedhof
Berg	Krankheit ist geblockt = gesund, Erkrankungen am Kopf/Gehirn, negativ ist geblockt = positiv
Wege	keine Entscheidung treffen, negative Entscheidung
Mäuse	Erkrankungen der Leber, Krankheit geht in den Verlust = Heilung, keine Verluste
Herz	Herzerkrankungen, Bluterkrankungen, keine Liebe, liebeskrank = Liebeskummer
Ring	keine Beziehung, keine Verbindung, Ender der Beziehung, Beziehung ist totgelaufen
Buch	insgeheim krank = Krankheit wurde noch nicht entdeckt, kein Geheimnis, keine Bücher
Brief	keine Nachrichten, nicht oberflächlich, Krankschreibung, Befund
Herr	verschlossener, negativer Mann, kein Herzensmann
Dame	verschlossene, negative Dame, keine Herzensdame
Lilie	keine Sexualität, kranke Sexualität, disharmonisch, keine Familie

Sonne	keine Energie, kein Licht, nichts Positives, keine Lebensfreude
Mond	Erkrankungen der Psyche, kein Erfolg, negative Träume, keine Ängste
Schlüssel	absolut verschlossen, keine Sicherheit, mit Sicherheit negativ
Fische	Schwarzgeld, keine Geld, finanzieller Ruin
Anker	kein Job, Arbeit ist negativ
Kreuz	tiefstes Leid, Leiden an einer Krankheit, kein Leid

Eigene Interpretationen:

____

____

____

____

____

____

____

9 Blumen

in Verbindung mit

Reiter hübsches Pferd, freundliche Nachrichten, Fleurop

Klee kurze Freude, kurzer Besuch, kleines Geschenk, Salat, vegetarische Ernährung

Schiff schöne Reise, Reise mit einer Freundin oder netten Frau, Reisebekanntschaft

Haus Blumenladen, Gewächshaus, Besuch im Haus, Modegeschäft, Beautysalon, schönes Haus, schöne Wohnung

Baum buntes Leben, schönes Leben, blühender Baum, Aufblühen der Gesundheit = Heilung

Wolken getrübte Schönheit, verwischte Farben, getrübte Zufriedenheit

Schlange auf Umwegen zur Zufriedenheit, Höhen und Tiefen in der Zufriedenheit

Sarg	keine Farbe, keine Geschenke, Unzufriedenheit, keine Heilung, nicht schön, keine Kreativität, Geschwür
Sense	plötzliches Aufblühen, Aufblühen des Erfolgs, plötzliche Überraschung
Ruten	schöne Gespräche, schöne Hände, Kreativität, Malen, kreatives Gestalten
Eulen	Aufblühen des Kummers, Aufblühen der Sorgen, schönes Telefonat, schöne Augen, Veilchen = blaues Auge, geschminkte Augen
Kind	kleines Geschenk, kleiner Blumenstrauß, hübsches Kind, Aufblühen der Naivität, kleines Gewächs, naive Frau
Fuchs	Aufblühen ist falsch = kein Aufblühen, keine Schönheit, kein Geschenk, falsche Freundin
Bär	großes Aufblühen, große Schönheit, großes Gewächs, großer Blumenstrauß, großes Geschenk
Sterne	Aufblühen der Klarheit, klares Aufblühen, Aufblühen der Spiritualität, Aufblühen der Kälte
Störche	Aufblühen der Veränderung, schöne Veränderung, Typveränderung bezogen aufs Aussehen
Hund	schöne Stimme, hübscher Hund, Freundin, Schwester

Turm	getrennt von der Schönheit = keine Schönheit, kein Geschenk, kein Besuch, kein Aufblühen
Park	schönes Treffen, Einladung, schöne Gesellschaft, schöner Garten, in der Öffentlichkeit aufblühen, Vernissage
Berg	Aufblühen ist geblockt = kein Aufblühen, kein Geschenk, kein Besuch, keine Schönheit
Wege	zwei Geschenke, zwei Frauen, schöne Entscheidung, Entscheidungsfreudigkeit blüht auf
Mäuse	Verlust der Schönheit, es nagt an der Zufriedenheit, Verlust der Zufriedenheit, Besuch kommt nicht
Herz	Aufblühen der Herzlichkeit, Geschenk aus Liebe, Aufblühen in der Liebe
Ring	schöne Beziehung, Aufblühen innerhalb der Beziehung, schöne Verbindung, Verlobung
Buch	Aufblühen der Geheimnisse, schöne Bücher, Kräuterbuch, Beautybuch, Kosmetikbuch, Buch über Mode, schönes Geheimnis
Brief	schöne Nachricht, schöner Brief, oberflächliche Schönheit, oberflächliches Aufblühen, oberflächliche Zufriedenheit
Herr	schöner Mann, zufriedener Mann, Aufblühen mit dem Herzensmann

Dame	schöne Frau, zufriedene Frau, Aufblühen mit der Herzensdame
Lilie	Zufriedenheit in der Familie, schöne Sexualität, harmonisches Aufblühen
Sonne	Aufblühen ist positiv, Aufblühen der Energie – wieder mehr Energie haben
Mond	Aufblühen der Ängste, Aufblühen des Erfolgs
Schlüssel	mit Sicherheit zufrieden, Zufriedenheit ist die Lösung, mit Sicherheit schön
Fische	Aufblühen der Finanzen = mehr Geld, Aufblühen der Gefühle
Anker	Zufriedenheit am Arbeitsplatz, kreativer Beruf
Kreuz	Aufblühen des Leids

Eigene Interpretationen:

____

____

____

____

____

____

____

10 Sense

in Verbindung mit

Reiter	Unfallgefahr mit Auto, Fahrrad, Motorrad, Pferd, Verletzungsgefahr für die Gelenke, Gelenkschmerzen, plötzlicher Aufbruch
Klee	kurzer Schmerz, plötzliches Glück, kleine Verletzung
Schiff	Belastungen auf der Reise, belastende Reise, plötzliche Reise
Haus	Belastungen im häuslichen Bereich, Waffenkammer, Belastungen mit Grundbesitz
Baum	Lebensgefahr, lebensgefährliche Verletzung, Aufschwung im Leben, Erfolg ist das Leben
Wolken	plötzlich auftauchende Probleme, plötzliche Klärung
Schlange	Magenschmerzen, bösartige Frau

Sarg	plötzliche Krankheit, krank aufgrund einer Verletzung, keine Belastung, kein Aufschwung, kein Erfolg, Operation
Blumen	plötzliches Aufblühen, Aufblühen des Erfolgs, plötzliche Überraschung
Ruten	schmerzhafte Gespräche, heftige Auseinandersetzung, schmerzende Hände, erfolgreiche Gespräche
Eulen	sorgenvolle Gespräche, zwei Verletzungen, plötzlicher Gedanke = Gedankenblitz, plötzlicher Ärger
Kind	kleine Verletzung, kleine Belastung, kleiner Aufschwung, kleiner Erfolg
Fuchs	Verletzung ist falsch = keine Verletzung, keine Belastung, kein Erfolg, kein Aufschwung, falscher Zeitpunkt
Bär	großer Aufschwung, große Belastung, Aufschwung im Gewicht = Gewichtszunahme, großer Erfolg
Sterne	klare Belastung, Belastung klärt sich, Aufschwung in der Spiritualität, klarer Erfolg, sehr erfolgreich, scharfe Kälte, Klärung im Herbst
Störche	Veränderung der Belastung, Veränderung durch Verletzungen

Hund	dauerhafte Belastung, dauerhafter Erfolg, dauerhafter Aufschwung
Turm	getrennt vom Aufschwung = kein Aufschwung, keine Belastung, kein Erfolg, keine Verletzung, plötzlicher Rückzug, plötzliche Isolation
Park	Belastungen in der Öffentlichkeit, offene Wunde, gefährliche Gesellschaft
Berg	Erfolgsblockade, Aufschwung ist blockiert = kein Aufschwung, keine Belastung
Wege	plötzliche Entscheidung, gefährliche Entscheidung, belastende Entscheidung, schwerer Weg, Gefahr auf der Straße
Mäuse	Verlust der Belastung, Verlust des Erfolgs, Verlust des Aufschwungs
Herz	Herzstiche, Herzschmerzen, Liebeskummer
Ring	Belastungen in der Beziehung, Aufschwung in der Beziehung, Verletzungen in der Beziehung, belastete Beziehung
Buch	belastendes Geheimnis, Erfolgsgeheimnis
Brief	Erfolgsnachricht, belastende Nachricht, schmerzvolle Nachricht, mehr Nachrichten
Herr	aggressiver Mann, Aufschwung mit dem Herzensmann

Dame	aggressive Frau, Aufschwung mit der Herzensdame
Lilie	scharfe Sexualität, plötzlicher und spontaner Sex, Belastungen innerhalb der Familie, Aufschwung in der Harmonie
Sonne	positiver Aufschwung, energetische Belastung
Mond	plötzliche Ängste, psychische Belastungen erfolgreicher Aufschwung
Schlüssel	Erfolg, Aufschwung, Belastung mit Sicherheit
Fische	Aufschwung in den Finanzen, belastende finanzielle Situation
Anker	beruflicher Aufschwung, berufliche Belastung
Kreuz	Aufschwung des Leides, starke Belastung

Eigene Interpretationen:

____

____

____

____

____

____

____

11 Ruten

in Verbindung mit

Reiter	Kampfsport, sportlicher Wettkampf, Bewegung in den Händen = Schläge, Zweirad = Fahrrad, Motorrad oder Mofa (mit Ring)
Klee	ums Glück kämpfen, glückliche Gespräche, kurze Gespräche
Schiff	Belastungen auf der Reise, belastende Reise, plötzliche Reise
Haus	Belastungen im häuslichen Bereich, Waffenkammer, Belastungen mit Grundbesitz
Baum	Lebenskampf, kämpfen im Leben, Gespräche über das Leben, Lebensberatung
Wolken	plötzlich auftauchende Probleme, plötzliche Klärung
Schlange	Kampf mit Höhen und Tiefen, Gespräche auf Umwegen, giftige Gespräche, redegewandt

Sarg	plötzliche Krankheit, krank aufgrund einer Verletzung, keine Belastung, kein Aufschwung, kein Erfolg, Operation
Blumen	plötzliches Aufblühen, Aufblühen des Erfolgs, plötzliche Überraschung, kreatives Werkzeug
Sense	schmerzhafte Gespräche, heftige Auseinandersetzung, schmerzende Hände, erfolgreiche Gespräche
Eulen	mit dem Kummer kämpfen, innere kummervolle Gespräche, Schwätzer
Kind	kleines, kurzes Gespräch, naive Gespräche, kindliches Gerangel
Fuchs	falsche Gespräche = Lügen, innerer Kampf ist falsch, Kampf ist falsch
Bär	große Gespräche, große Worte, mit Gewicht kämpfen
Sterne	klärende Gespräche, um Klärung kämpfen, viele kleine Gespräche, spirituelle Gespräche, Affirmationen, Gebete
Störche	Veränderung der Gespräche, Veränderung kommt durch Gespräche
Hund	freundliche Gespräche, Gespräche mit einem Freund, Kampfhund, Streicheleinheiten

Turm	Auseinandersetzung mit einer Behörde, getrennt von inneren Kämpfen = keine Kämpfe
Park	offenes Gespräch, Kämpfe in der Öffentlichkeit, öffentliche Gespräche, Vortrag
Berg	innere Kämpfe sind geblockt = keine Kämpfe, keine Gespräche, Gesprächsblockade
Wege	mit einer Entscheidung kämpfen, zwei Gespräche
Mäuse	Kämpfe gehen in den Verlust, Gespräche gehen in den Verlust
Herz	herzliche Gespräche, mit der Liebe kämpfen
Ring	Ringkampf, Kämpfe innerhalb der Beziehung, sich im Gespräch im Kreise drehen
Buch	insgeheim Gespräche, Gespräche über ein Geheimnis, insgeheim kämpfen
Brief	mit einer Nachricht kämpfen, oberflächliche Kämpfe, oberflächliche Gespräche
Herr	kämpferischer Mann, zwei Herzensmänner
Dame	kämpferische Frau, zwei Herzensdamen
Lilie	familiäre Gespräche, Gespräche über Sexualität, Kämpfe innerhalb/mit der Familie

Sonne positive Gespräche, energiebringende Gespräche, Kampf mit der eigenen Energie, Gespräche im Sommer

Mond erfolgreiche Gespräche, Kampf mit der Angst, Kampf mit der Psyche, psychologische Gespräche

Schlüssel mit Sicherheit Kämpfe, Gespräch kommt 100%ig

Fische Kampf mit den Finanzen, gefühlstiefe Gespräche, Gespräche über Geld

Anker Kampf mit dem Job, berufliche Gespräche, Besprechungen

Kreuz leidvolle Gespräche, schicksalhafter Kampf

Eigene Interpretationen:

12 Eulen

in Verbindung mit

Reiter	Bewegung in den Augen = Suchen, flüchtiger Blick, Zweirad = Fahrrad, Motorrad oder Mofa
Klee	grüne Augen, kurzes Telefonat, kurzer Kummer
Schiff	zwei Reisen, Reise mit Kummer, Weinen
Haus	Stress im häuslichen Bereich, Unruhe im Zuhause, zweite Wohnung, Vogelhaus
Baum	kummervolles Leben, Sorgen um die Gesundheit
Wolken	Kummer mit Problemen, vernebelte Sicht, getrübte Augen
Schlange	Schielen, kompliziertes Telefonat, zwei Frauen
Sarg	kein Kummer, negative Gedanken, Augenerkrankungen, zwei Erkrankungen

Blumen	Aufblühen des Kummers, Aufblühen der Sorgen, schönes Telefonat, schöne Augen, Veilchen = blaues Auge, geschminkte Augen
Sense	sorgenvolle Gespräche, zwei Verletzungen, plötzlicher Gedanke = Gedankenblitz, plötzlicher Ärger
Ruten	mit dem Kummer kämpfen, innere kummervolle Gespräche, Schwätzer
Kind	Kummer mit einem Kind, kleine Sorgen, zwei Kinder, Zwillinge
Fuchs	Kummer ist falsch = kein Kummer, keine Sorgen, falsche Gedanken
Bär	großer Kummer, große Sorgen, Kummer mit dem Gewicht, große Gedanken
Sterne	Kummer klärt sich, Sorgen klären sich, klarer Blick, funkelnde Augen
Störche	Veränderung der Denkweise, Kummer und Sorgen verändern sich, Zweifel klären sich
Hund	dauerhafter Kummer, dauerhafte Sorgen, langbestehende Zweifel, zwei Hunde
Turm	getrennt von Kummer und Sorgen = kein Kummer, keine Sorgen, gedankliche Grenzen, begrenze Sichtweise

Park	zwei Treffen, offene Sorgen und Zweifel, offene Augen
Berg	Kummer ist geblockt = kein Kummer, keine Sorgen, keine Zweifel, Gedankenblockade, Blockade bringt Zweifel/Sorgen/Kummer
Wege	Gedanken um eine Entscheidung, Entscheidung bringt Sorgen, Kummer
Mäuse	gedanklich im Verlust = nicht mehr dran denken, Kummer/Sorgen/Zweifel gehen in den Verlust
Herz	Liebeskummer, Herzflattern, nervöses Herz, liebevolle Gedanken
Ring	Kummer mit einer Beziehung, Beziehung anzweifeln, zwei Beziehungen
Buch	zwei Geheimnisse, Geheimnis bereitet Kummer/ macht Stress
Brief	zwei Nachrichten, Nachricht bereitet Sorgen, oberflächliche Zweifel, oberflächlicher Kummer
Herr	sorgenvoller Mann, Kummer mit dem Herzensmann, zwei Herzensmänner
Dame	sorgenvolle Frau, Kummer mit der Herzensdame, zwei Herzensdamen

Lilie	Kummer in der Familie, harmonische Gedanken
Sonne	positive Gedanken, Telefonat ist positiv, positives Denken, strahlender Blick
Mond	nervöse Psyche, zwei Monate, zwei Nächte, Anruf am Abend
Schlüssel	mit Sicherheit Kummer und Sorgen
Fische	Kummer mit den Finanzen, Geldsorgen
Anker	zwei Jobs, Kummer mit der Arbeit, Stress auf der Arbeit
Kreuz	leidvolle Gedanken

Eigene Interpretationen:

13 KIND

in Verbindung mit

Reiter	kleines Pferd, Fohlen, Pony, Kinderturnen
Klee	glückliche Kindheit, glückliches Kind, sehr kleines Glück
Schiff	kleines Boot, kurze Reise, kleine Distanz, Reise mit Kindern, kleine Schwankungen, Wachstum der Sehnsucht, wachsendes Fernweh, kleine Distanz (räumlich)
Haus	kleines Haus, kleine Wohnung, Kinderheim, Kinder im Haus, kleiner Grundbesitz, kleines Grundstück
Baum	7-10 Jahre altes Kind, in der Kindheit leben, kleiner Baum, Neuanfang im Leben
Wolken	kleine Unklarheiten, kleines Donnerwetter

Schlange	kleine Umwege, kleine Verzögerung, kleine Höhen und Tiefen
Sarg	kleine Erkrankung, Kind ist krank, keine Naivität, keine Neugier, absoluter Neuanfang
Blumen	kleines Geschenk, kleiner Blumenstrauß, hübsches Kind, Aufblühen der Naivität, kleines Gewächs, naive Frau
Sense	kleine Verletzung, kleine Belastung, kleiner Aufschwung, kleiner Erfolg
Ruten	kleines, kurzes Gespräch, naive Gespräche, kindliches Gerangel
Eulen	Kummer mit einem Kind, kleine Sorgen, zwei Kinder, Zwillinge
Fuchs	Kind ist falsch = keine Kinder, falsches Kind = adoptiert, Naivität ist falsch = keine Naivität, kleine Katze
Bär	jugendliches Kind, großes Wachstum
Sterne	kleine Klärung, Wachstum in der Spiritualität, spirituelles Kind, Kristallkind
Störche	Zwillinge, zwei Kinder, Veränderung durch ein Kind, Schwangerschaft
Hund	kleiner Hund, Welpe, Jugendfreund

Turm	getrennt vom eigenen Kind, keine Kinder, Jugendamt
Park	Park für Kinder = Spielplatz, kleines Treffen, kleine Gesellschaft
Berg	kleine Blockaden, kleine Hindernisse, keine Naivität, Kinder sind blockiert = keine Kinder
Wege	kleine Entscheidung, Entscheidung reift
Mäuse	kleiner Verlust, Verlust eines Kindes, Wachstum der Verluste
Herz	junge Liebe, Jugendliebe, Liebe wächst, Liebe zum Kind
Ring	junge Beziehung, Beziehung zu Kindern, Beziehung wächst
Buch	kleines Geheimnis, Jugendbuch, geheim gehaltenes Kind
Brief	kleine Nachricht, mehr Nachrichten
Herr	jugendlicher Mann, junggebliebener Mann, kindischer Mann, naiver Mann
Dame	jugendliche Frau, junggeblieben Frau, kindische Frau, naive Frau
Lilie	kleine Familie, Familie mit Kindern, mehr Sexualität

Sonne	Wachstum der Energie, positiver Neuanfang
Mond	Wachstum der Ängste, kleine Ängste, Wachstum des Erfolgs, mehr Anerkennung
Schlüssel	mit Sicherheit Kinder, mit Sicherheit ein Neuanfang
Fische	Wachstum in den Finanzen, mehr Geld, kleines Geld
Anker	kleiner Job im Sinne von Halbtagsjob oder 400 Euro Job
Kreuz	schicksalhaftes Wachstum, Wachstum des Leides

Eigene Interpretationen:

14 Fuchs

in Verbindung mit

Reiter	falsche Nachrichten, Ente, keine Bewegung, kein Sport
Klee	falsches Glück, glücklich sein ist falsch = unglücklich
Schiff	Reise ist falsch = keine Reise, Boot ist falsch = kein Boot
Haus	Katzen im Haus, falsches Haus, nicht häuslich
Baum	falsches Leben, Lebenslüge, Gesundheit ist falsch = krank
Wolken	Klärung ist falsch = keine Klärung, Probleme sind falsch = keine Probleme
Schlange	falsche Schlange, vorsichtig sein mit dieser Frau, Höhen und Tiefen sind falsch =keine Höhen und Tiefen, keine Umwege

Sarg	Erkrankung ist falsch = keine Krankheit, keine Falschheit, nicht falsch
Blumen	Aufblühen ist falsch = kein Aufblühen, keine Schönheit, kein Geschenk, falsche Freundin
Sense	falsche Gespräche = Lügen, innerer Kampf ist falsch, Kampf ist falsch, falscher Zeitpunkt
Ruten	falsche Gespräche = Lügen, innerer Kampf ist falsch, Kampf ist falsch
Eulen	Verletzung ist falsch = keine Verletzung, keine Belastung, kein Erfolg, kein Aufschwung
Kind	Kind ist falsch = keine Kinder, falsches Kind = adoptiert, Naivität ist falsch = keine Naivität, kleine Katze
Bär	Stärke ist falsch = keine Stärke, keine Kraft, falsche Persönlichkeit, große Schläue
Sterne	Klarheit / Klärung ist falsch, keine Spiritualität, nicht im Winter, keine Kälte, keine Ziele
Störche	keine Veränderung, falsche Veränderung
Hund	Hund ist falsch = kein Hund, falsche Freunde, keine Freundschaft, Untreue
Turm	Trennung ist falsch = keine Trennung, kein Rückzug, keine Isolation, keine Grenzen

Park	Offenheit ist falsch = verschlossen, kein Treffen, keine Öffentlichkeit
Berg	Blockade ist falsche = keine Blockade, keine Hindernisse
Wege	falsche Entscheidung, sich nicht entscheiden können, falscher Weg
Mäuse	Verlust ist falsch = kein Verlust, das Falsche geht in den Verlust
Herz	Liebe ist falsch = keine Liebe, keine Herzlichkeit, in der Liebe läuft was falsch
Ring	falsche Verbindung, in der Beziehung läuft was falsch, unechter Schmuck
Buch	Geheimnis ist falsch = kein Geheimnis, falsche Bücher
Brief	Falschnachricht, Nachricht ist falsch = keine Nachricht, oberflächlich betrachtet falsch
Herr	schlauer, gewitzter Mann, mit dem Herzensmann läuft was schief
Dame	schlaue, gewitzte Frau, mit der Herzensdame läuft was schief
Lilie	Harmonie ist falsch = keine Harmonie, falsche Familie

Sonne	falscher Schein = Scheinheiligkeit, keine Energie, keine Wärme
Mond	Erfolg ist falsch = keine Erfolg, keine Anerkennung, keine Träume
Schlüssel	mit Sicherheit falsch, richtiger Zeitpunkt
Fische	Finanziell geht was schief, tiefe Gefühle sind falsch = keine tiefen Gefühle
Anker	falscher Beruf, keine Stabilität
Kreuz	kein Leid, nicht schicksalhaft

Eigene Interpretationen:

15 Bär

in Verbindung mit

Reiter	große Neuigkeiten, große Unternehmungen
Klee	großes Glück, große Mengen essen, Fleischgericht
Schiff	große, lange Reise, großes Schiff, große Schwankungen, große Sehnsucht, große Distanz (räumlich)
Haus	großes Haus, großes Grundstück
Baum	Stärke im Leben, stabile Persönlichkeit, großer Baum
Wolken	große Probleme, Probleme mit Vorgesetztem, Großvater
Schlange	große Höhen und Tiefen, großer Umweg, reduzierte Kraft

Sarg	große Erkrankung, krankhaftes Gewicht, Erkrankung der Persönlichkeit, keine Stärke, keine Kraft
Blumen	großes Aufblühen, große Schönheit, großes Gewächs, großer Blumenstrauß, großes Geschenk
Sense	großer Aufschwung, große Belastung, Aufschwung im Gewicht = Gewichtszunahme, großer Erfolg
Ruten	große Gespräche, große Worte, mit dem eigenen Gewicht kämpfen
Eulen	großer Kummer, große Sorgen, Kummer mit dem Gewicht, große Gedanken
Kind	jugendliches Kind, großes Wachstum
Fuchs	Stärke ist falsch = keine Stärke, keine Kraft, falsche Persönlichkeit, große Schläue
Sterne	große Klärung, große Klarheit, Sternenbild Bär, große Kälte
Störche	große Veränderung, Gewichtsveränderung
Hund	großer Hund, dicke Freunde, Gewicht hält sich länger
Turm	große Trennung, Vorgesetzter in einer Behörde, Diät

Park	große Öffentlichkeit, Persönlichkeit in der Öffentlichkeit, große Veranstaltung, sehr offen sein
Berg	großer Berg, große Blockade, großes Hindernis
Wege	große Entscheidung, große Straße, Autobahn
Mäuse	Gewichtsverlust, großer Verlust, Verlust der eigenen Stärke
Herz	ein großes Herz haben, große Liebe, dickes Blut
Ring	dicker Bauch, großer Vertrag, 15 jährige Bindung
Buch	großes Geheimnis, großes Buch, Großes planen, großes Studium
Brief	schwerer Brief, große Oberflächlichkeit, großes Regal, große Decke, große Tasche, oberflächliche Stärke
Herr	dickerer Mann, Mann mit Persönlichkeit, Selbständiger, starker Mann
Dame	dickere Frau, Frau mit Persönlichkeit, Selbständige, starke Frau
Lilie	starker Sexualtrieb, große Harmonie, neuer Mann mit Stärke, große Familie, große Kälte

Sonne	strahlende Persönlichkeit, viel Energie, kraftvoll (Sonne verstärkt positiv), große Freude
Mond	große Angst, Panik, großer Erfolg, starke Eifersucht, große Sehnsucht, große Träume
Schlüssel	große Sicherheit, starke Absicherung, sehr musikalisch, sehr lösungsorientiert
Fische	viel Geld, ein Vermögen, große Gefühle, starke Gefühle, großer Fisch
Anker	starke Abhängigkeit, starkes Festhalten, Führungsposition auf der Arbeit, Vorgesetzter, große Stabilität
Kreuz	großes Leid, starkes Leid, großes Schicksal

Eigene Interpretationen:

16 Sterne

in Verbindung mit

Reiter	Astralreisen, Wintersport, nachtaktiv
Klee	glücklich mit Astrologie, gezuckerte Speisen
Schiff	Astralreise, Reise in den Norden, in kalte Länder, viele Reisen
Haus	Sternwarte, blank geputztes Haus, Klärung im häuslichen Bereich
Baum	viele Bäume = Wald, Lebensklärung Kälte im Leben, Spiritualität ist das Leben, Lebensziel
Wolken	viele Probleme, Spiritualität noch undurchsichtig, Klarheit kommt
Schlange	Höhen und Tiefen klären sich, Unklarheiten, Klärung auf Umwegen
Sarg	Unklarheiten, keine Spiritualität, keine Klärung

Blumen	Aufblühen der Klarheit, klares Aufblühen, Aufblühen der Spiritualität, Aufblühen der Kälte
Sense	klare Belastung, Belastung klärt sich, Aufschwung in der Spiritualität, klarer Erfolg, sehr erfolgreich, scharfe Kälte, Klärung im Herbst
Ruten	klärende Gespräche, um Klärung kämpfen, viele kleine Gespräche, spirituelle Gespräche, Affirmationen, Gebete
Eulen	Kummer klärt sich, Sorgen klären sich, klarer Blick, funkelnde Augen
Kind	kleine Klärung, Wachstum in der Spiritualität, spirituelles Kind, Kristallkind
Fuchs	Klarheit / Klärung ist falsch, keine Spiritualität, nicht im Winter, keine Kälte, keine Ziele
Bär	große Klärung, große Klarheit, Sternenbild Bär, große Kälte
Störche	klare Veränderung, Veränderung im Winter, Veränderung in der kalten Zeit, Klärung im Februar
Hund	klare Stimme, kaltschnäuzig, Plappermaul, kühle Freundschaft, viele Freundschaften
Turm	keine Klärung, Klärung durch ein Amt, eine Behörde, klare Trennung (endgültig)

Park	große Veranstaltung mit vielen Menschen, offene Klärung, offene Kälte
Berg	Blockade klärt sich, Hindernisse klären sich, schneebedeckte Berge
Wege	klare Entscheidung, vereiste Straßen
Mäuse	Unklarheiten, ein Vermögen verlieren, viel Kleingeld, Verlust der Klarheit
Herz	kaltherzig, kühle Liebe, liebevolle Klärung
Ring	spirituelle Verbindung, klare Verbindung, vertragliche Klärung
Buch	spirituelles Buch, Zielplanung, viele Bücher
Brief	spirituelle Unterlagen, viele Briefe, viele Papiere, oberflächliche Klarheit
Herr	spiritueller Mann, kühler Mann, klarer Mann
Dame	spirituelle Frau, kühle Frau, klare Frau
Lilie	kalte Familienverhältnisse, kühle Sexualität, klare Harmonie, Klärung im Winter
Sonne	Klärung im Sommer, kühler Sommer, Hellsicht, klare Energien
Mond	klarer Erfolg, Erfolg im Winter, Klarträume, Eifersucht klärt sich, klare Ängste, Ängste klären sich

Schlüssel	mit Sicherheit klar, wird mit Sicherheit geklärt, absolute Kälte
Fische	sehr viel Geld, vermögend, abgekühlte Gefühle, kalte Gefühle, Gefühle klären sich
Anker	Abhängigkeiten klären sich, Festhalten klärt sich, berufliche Klärung, Beruf im spirituellen Bereich
Kreuz	geklärtes Karma, Karma klärt sich, Leid klärt sich, Leid im Winter, schicksalhafte Klärung

Eigene Interpretationen:

17 Störche

in Verbindung mit

Reiter	Veränderung der Sportart, Richtungswechsel, Umkehr, Zweirad = Fahrrad, Motorrad oder Mofa (mit Ring)
Klee	glückliche Wende, glückliche Veränderung
Schiff	Flugreise, Schwankungen verändern sich
Haus	häusliche Veränderung, Umzug, zwei Wohnungen, zwei Häuser
Baum	Lebensveränderung, Fliegen ist das Leben, Lebenswandel
Wolken	Veränderung der Probleme, Veränderung durch Probleme, Klärung durch Veränderung
Schlange	Veränderung der Höhen und Tiefen, zwei Frauen, zwei Mütter oder mütterliche Figuren
Sarg	keine Veränderung, zwei Krankheiten

Blumen	Aufblühen der Veränderung, schöne Veränderung, Typveränderung bezogen aufs Aussehen
Sense	Veränderung der Belastung, Veränderung durch Verletzungen
Ruten	Veränderung der Gespräche, Veränderung kommt durch Gespräche
Eulen	Veränderung der Denkweise, Kummer und Sorgen verändern sich, Zweifel klären sich
Kind	Zwillinge, zwei Kinder, Veränderung durch ein Kind, Schwangerschaft
Fuchs	keine Veränderung, falsche Veränderung
Bär	große Veränderung, Gewichtsveränderung
Sterne	klare Veränderung, Veränderung im Winter, Veränderung in der kalten Zeit, Klärung im Februar
Hund	zwei Freunde, Veränderung innerhalb der Freundschaft, zwei Hunde, Treue verändert sich
Turm	die Trennung wird rückgängig gemacht, Veränderungen durch eine Behörde, ein Amt, Veränderungen durch eine Trennung
Park	zwei Treffen, Veränderungen in der Öffentlichkeit, Treffpunkt verändert sich

Berg	Veränderungen sind blockiert, die Blockaden verändern sich, Hindernisse verändern sich
Wege	wechselhafte Entscheidungen, unentschlossen, Unentschlossenheit, zwei Wege
Mäuse	die Veränderung geht in den Verlust, Veränderungen durch einen Verlust
Herz	Veränderungen in der Liebe, zwei Herzensmänner (Bube auf Herz)
Ring	wiederkehrende Veränderungen, Veränderungen in der Beziehung, zwei Beziehungen
Buch	Veränderungen sind noch nicht spruchreif, Veränderungen im Geheimen
Brief	oberflächliche Veränderungen, Antwort auf einen Brief oder eine Nachricht
Herr	launischer Mann, flexibler Mann, zwei Herzensmänner
Dame	launische Frau, flexible Frau, zwei Herzensdamen
Lilie	harmonische Veränderungen, Veränderungen innerhalb der Familie, Veränderungen in der Sexualität
Sonne	positive Veränderungen, zweiter Sommer

Mond	Eifersucht verändert sich, Ängste verändern sich, traumhafte Veränderungen, Veränderungen im Erfolg, Angst vor Veränderungen
Schlüssel	Veränderung kommt mit Sicherheit, Verunsicherung
Fische	Veränderungen in den Finanzen, Gefühlslage ändert sich
Anker	berufliche Veränderung, Stabilität verändert sich, Abhängigkeiten verändern sich, stabile Veränderung
Kreuz	schicksalhafte Veränderung, das Leid verändert sich, das Karma dreht sich, verändert sich

Eigene Interpretationen:

18 Hund

in Verbindung mit

Reiter	Hundesport, Unternehmungen mit Freunden, Teamsportarten
Klee	kleine Freundschaft, glücklich mit Freunden, kurze Freundschaft
Schiff	Reise mit Freunden, Reise zu Freunden, Reisefreundschaft, Schwankungen sind von Dauer
Haus	Hundehütte, Hunde im Haus, Wohngemeinschaft
Baum	Freunde fürs Leben, lebenslange Freundschaft
Wolken	dauerhaft problematisch, undurchsichtiger Freund
Schlange	Stottern, Stimmbruch, ältere Freundin, Höhen und Tiefen in der Freundschaft

Sarg	langwierige Erkrankung, keine Freunde, unfreundlich, Untreue, Erkrankungen der Haut, der Stimme, des Rachenraums, schwarzer Hund, sprachlos, kein Selbstwertgefühl
Blumen	schöne Stimme, hübscher Hund, Freundin, Schwester
Sense	dauerhafte Belastung, dauerhafter Erfolg, dauerhafter Aufschwung
Ruten	freundliche Gespräche, Gespräche mit einem Freund, Kampfhund, Streicheleinheiten
Eulen	dauerhafter Kummer, dauerhafte Sorgen, langbestehende Zweifel, zwei Hunde
Kind	kleiner Hund, Welpe, Jugendfreund
Fuchs	Hund ist falsch = kein Hund, falsche Freunde, keine Freundschaft, Untreue
Bär	großer Hund, dicke Freunde, Gewicht hält sich länger
Sterne	klare Stimme, kaltschnäuzig, Plappermaul, kühle Freundschaft, viele Freundschaften
Störche	zwei Freunde, Veränderung innerhalb der Freundschaft, zwei Hunde, Treue verändert sich

Turm	langanhaltende Trennung, Freund in einer Behörde, in einem Amt, Trennung vom Hund, getrennt von der Treue = Untreue
Park	Hundeauslaufgebiet, offene Freundschaft, freundschaftliches Treffen
Berg	blockierte Freundschaft, Freundschaft mit Hindernissen, mit Freunden in den Bergen
Wege	Entscheidung dauert länger, langfristige Entscheidung
Mäuse	Verlust eines Freundes, einer Freundschaft, Verlust des Hundes, Treue geht in den Verlust, es nagt am Selbstwertgefühl
Herz	Treue in der Liebe, dauerhafte Liebe, liebevolle Freundschaft, treuherzig, Liebe zu einem Freund
Ring	freundschaftliche Bindung, Freundeskreis, es läuft rund in der Freundschaft, langandauernde Beziehung
Buch	Freundschaft ist noch nicht spruchreif, geheime Freundschaft, geheimer Freund/Freundin
Brief	Brieffreund, oberflächliche Freundschaft
Herr	treuer Mann, freundlicher Mann, ist schon lange der Herzensmann

Dame	treue Frau, freundliche Frau, ist schon lange die Herzensdame
Lilie	sexuelle Treue, Freunde sind die Familie, Hund ist Familienmitglied, harmonische Freundschaft, Freundschaft mit Sexualität
Sonne	positive Freundschaft, schöne Freundschaft, Freunde geben Kraft
Mond	Eifersucht in der Freundschaft, Angst um/in Freundschaft, Angst um die Treue, langanhaltender Erfolg, traumhafte Freundschaft
Schlüssel	Freundschaft ist sicher, Treue ist sicher, langanhaltende Sicherheit
Fische	freundschaftliche Gefühle
Anker	Arbeitskollegen, langanhaltende Stabilität
Kreuz	schicksalhafte Freundschaft, leidvolle Freundschaft

Eigene Interpretationen:

____

____

____

____

____

19 TURM

in Verbindung mit

Reiter Grenzüberschreitung, Bewegung in einer Trennung = Trennung läuft

Klee getrennt vom Glück = unglücklich, kurze Trennung, Glück liegt im Ausland

Schiff Reise ins Ausland, von einer Reise getrennt = keine Reise

Haus Trennung vom Haus, Wohnungsamt, Bauamt, getrennt von zuhause = nicht daheim

Baum Einsamkeit und Isolation im Leben, getrennt lebend, getrennt vom Leben = Tod

Wolken getrennt von Problemen = keine Probleme, behördliche Probleme und Unklarheiten, unklare Grenzen

Schlange	von den Höhen und Tiefen getrennt = keine Höhen und Tiefen, Komplikationen mit einer Behörde
Sarg	keine Trennung, endgültige Trennung, keine Isolation, keine Grenzüberschreitung
Blumen	getrennt von der Schönheit = keine Schönheit, kein Geschenk, kein Besuch, kein Aufblühen
Sense	getrennt vom Aufschwung = kein Aufschwung, keine Belastung, kein Erfolg, keine Verletzung, plötzlicher Rückzug, plötzliche Isolation
Ruten	Auseinandersetzung mit einer Behörde, getrennt von inneren Kämpfen = keine Kämpfe
Eulen	getrennt von Kummer und Sorgen = kein Kummer, keine Sorgen, gedankliche Grenzen, begrenze Sichtweise
Kind	getrennt vom eigenen Kind, keine Kinder, Jugendamt
Fuchs	Trennung ist falsch = keine Trennung, kein Rückzug, keine Isolation, keine Grenzen
Bär	große Trennung, Vorgesetzter in einer Behörde, Diät
Sterne	keine Klärung, Klärung durch ein Amt, eine Behörde, klare Trennung (endgültig)

Störche	die Trennung wird rückgängig gemacht, Veränderungen durch eine Behörde, ein Amt, Veränderungen durch eine Trennung
Hund	langanhaltende Trennung, Freund in einer Behörde, in einem Amt, Trennung vom Hund, getrennt von der Treue = Untreue
Park	kein Treffen, offene Grenze, öffentliche Trennung
Berg	Trennung ist blockiert, von Hindernissen trennen = überwinden, Berge im Ausland
Wege	keine Entscheidung, behördliche Entscheidung
Mäuse	Trennung geht in den Verlust = wird rückgängig gemacht, Isolation geht in den Verlust
Herz	keine Liebe, kein Herz haben, liebevolle Trennung
Ring	Beziehungstrennung, Trennung einer Verbindung
Buch	Planung einer Trennung, Trennung ist noch nicht spruchreif
Brief	oberflächliche Trennung, oberflächliche Isolation, Auslandsbrief, oberflächlicher Rückzug
Herr	Mann auf Rückzug, isolierter Mann, einsamer Mann

Dame	Frau auf Rückzug, isolierte Frau, einsame Frau
Lilie	getrennt von der Sexualität = keine Sexualität, Penis, harmonische Trennung
Sonne	Trennung / Rückzug ist positiv, warmes Ausland
Mond	Trennungsängste, keine Eifersucht, kein Erfolg, keine Angst, kein Neid
Schlüssel	Trennung kommt mit Sicherheit, abgeschlossene Trennung
Fische	Finanzamt, Geldverlust
Anker	Beruf in einer Behörde einem Amt, selbst kündigen, keine Stabilität
Kreuz	kein Leid, kein Karma, Karma auflösen, sich vom Leid trennen

Eigene Interpretationen:

20 Park

in Verbindung mit

Reiter	Sport im Freien, öffentliche Nachrichten
Klee	Glück in der Öffentlichkeit, glückliches Treffen
Schiff	Reisegesellschaft
Haus	öffentliches Gebäude, freiliegendes Haus, Wohnen im Grünen, Haus mit Garten
Baum	öffentliches Leben führen, offene Lebensführung
Wolken	zwielichtige Gesellschaft, Probleme in der Öffentlichkeit, Probleme sich zu öffnen
Schlange	Schwierigkeiten in der Öffentlichkeit, ein Treffen auf Umwegen
Sarg	in der Öffentlichkeit negativ, kein Treffen, verschlossen, Friedhof

Blumen	schönes Treffen, Einladung, schöne Gesellschaft, schöner Garten, in der Öffentlichkeit aufblühen, Vernissage
Sense	Belastungen in der Öffentlichkeit, offene Wunde, gefährliche Gesellschaft
Ruten	offenes Gespräch, Kämpfe in der Öffentlichkeit, öffentliche Gespräche, Vortrag
Eulen	zwei Treffen, offene Sorgen und Zweifel, offene Augen
Kind	Park für Kinder = Spielplatz, kleines Treffen, kleine Gesellschaft
Fuchs	Offenheit ist falsch = verschlossen, kein Treffen, keine Öffentlichkeit
Bär	große Öffentlichkeit, Persönlichkeit in der Öffentlichkeit, große Veranstaltung, sehr offen sein
Sterne	große Veranstaltung mit vielen Menschen, offene Klärung, offene Kälte
Störche	zwei Treffen, Veränderungen in der Öffentlichkeit, Treffpunkt verändert sich
Hund	Hundeauslaufgebiet, offene Freundschaft, freundschaftliches Treffen

Turm	kein Treffen, offene Grenze, öffentliche Trennung
Berg	Treffen ist blockiert = kein Treffen, Blockade öffnet sich = verschwindet
Wege	entscheidendes Treffen, zwei Treffen, Entscheidung für ein Treffen
Mäuse	Treffen wird abgesagt, Öffentlichkeit ist im Verlust =man geht nicht raus
Herz	herzliches Treffen, liebevolles Treffen, offenes Herz
Ring	öffentliche Bindung, öffentliche Beziehung, Hochzeit, Ehe
Buch	geheimes Treffen, ein Geheimnis lüftet sich, offenes Buch, ein offenes Buch sein
Brief	nur oberflächlich offen, eine Nachricht öffnen, offener Brief, öffentliches Schreiben
Herr	offener Mann, Mann steht in der Öffentlichkeit, Treffen mit dem Herzensmann
Dame	offene Frau, Frau steht in der Öffentlichkeit, Treffen mit der Herzensdame
Lilie	Sex in der Öffentlichkeit, offen mit Sex umgehen, Familientreffen, harmonisches Treffen, Treffen mit Sex

Sonne	positives Treffen, Treffen im Sommer
Mond	Angst sich zu öffnen, Angst in der Öffentlichkeit, offene Eifersucht, offener Neid, Erfolg in der Öffentlichkeit, erfolgreiches Treffen, traumhaftes Treffen
Schlüssel	Treffen kommt mit Sicherheit
Fische	öffentliche Gelder, sich gefühlsmäßig öffnen, Gefühle offenlegen
Anker	Beruf in der Öffentlichkeit, berufliches Treffen
Kreuz	offenes Leid, leidvolles Treffen, schicksalshafte Begegnung

Eigene Interpretationen:

____

____

____

____

____

____

____

21 Berg

in Verbindung mit

Reiter	kein Sport, keine Bewegung, alpine Sportarten, keine Nachrichten, Gehirnjogging
Klee	kleine Blockade, kleiner Berg, Bergwiese
Schiff	Reise ist blockiert = keine Reise, Reise in die Berge, Schwankungen sind blockiert = keine Schwankungen
Haus	Hausblockade, Besetzung, Haus in den Bergen
Baum	Lebensblockade, Hindernisse im Leben
Wolken	Unklarheiten sind geblockt = keine Probleme, Blockade klärt sich, undurchsichtige Hindernisse
Schlange	Höhen und Tiefen sind geblockt = keine Höhen und Tiefen, Serpentinen, keine Umwege

Sarg	Krankheit ist geblockt = gesund, Erkrankungen am Kopf/Gehirn, negativ ist geblockt = positiv
Blumen	Aufblühen ist geblockt = kein Aufblühen, kein Geschenk, kein Besuch, keine Schönheit
Sense	Erfolgsblockade, Aufschwung ist blockiert = kein Aufschwung, keine Belastung
Ruten	innere Kämpfe sind geblockt = keine Kämpfe, keine Gespräche, Gesprächsblockade
Eulen	Kummer ist geblockt = kein Kummer, keine Sorgen, keine Zweifel, Gedankenblockade, Blockade bringt Zweifel/Sorgen/Kummer
Kind	kleine Blockaden, kleine Hindernisse, keine Naivität, Kinder sind blockiert = keine Kinder
Fuchs	Blockade ist falsche = keine Blockade, keine Hindernisse
Bär	großer Berg, große Blockade, großes Hindernis
Sterne	Blockade klärt sich, Hindernisse klären sich, schneebedeckte Berge
Störche	Veränderungen sind blockiert, die Blockaden verändern sich, Hindernisse verändern sich
Hund	blockierte Freundschaft, Freundschaft mit Hindernissen, mit Freunden in den Bergen

Turm	Trennung ist blockiert, von Hindernissen trennen = überwinden, Berge im Ausland
Park	Treffen ist blockiert = kein Treffen, Blockade öffnet sich = verschwindet
Wege	Strassenblockade, Entscheidung ist blockiert, Kopfsteinpflaster, Wege in den Bergen
Mäuse	Blockade geht in den Verlust, Verlust ist blockiert
Herz	Liebe wird abgeblockt, Liebe zu den Bergen
Ring	immer wiederkehrende Blockade, Beziehung ist blockiert, Stein auf einem Ring
Buch	unbewusste Blockade, geheimnisvolle Blockade
Brief	oberflächliche Blockade, keine Nachrichten, ein Haufen Briefe/Post
Herr	Herzensmann blockt ab, blockierter Mann, kein Herzensmann
Dame	Herzensdame blockt ab, blockierte Frau, keine Herzensdame
Lilie	keine Sexualität, Hindernisse in der Familie, keine Harmonie
Sonne	Energieblockade, keine Energie, nicht positiv, kein Licht

Mond	Angstblockade, keine Angst, kein Erfolg, keine Eifersucht, kein Neid, keine Träume, kein Erfolg
Schlüssel	keine Sicherheit, mit Sicherheit blockiert, mit Sicherheit Hindernisse
Fische	Finanzen sind blockiert, ein Haufen Geld, Gefühle werden abgeblockt, Gefühlsblockade
Anker	Arbeitsblockade, keine Abhängigkeiten, kein Job
Kreuz	schicksalshafte Blockade, keine Leid, keine Karma

Eigene Interpretationen:

22 Wege

in Verbindung mit

Reiter	Fahrzeug auf Straße, Blutwege = Adern, Entscheidungen die eigenen Unternehmungen betreffend
Klee	glückliche Entscheidung, kurzer Weg, Entscheidung das eigene Glück betreffend
Schiff	Reiseroute, Entscheidung eine Reise betreffend, traurige Entscheidung
Haus	Weg nach Hause, Entscheidung das Zuhause betreffend
Baum	Lebensentscheidung, im Leben an einem Scheideweg stehen
Wolken	unklare Entscheidung, unklare Wege, Nebel auf den Straßen
Schlange	Kurven, Schwierigkeiten sich zu entscheiden, zwei Frauen

Sarg	keine Entscheidung treffen, negative Entscheidung
Blumen	zwei Geschenke, zwei Frauen, schöne Entscheidung, Entscheidungsfreudigkeit blüht auf
Sense	plötzliche Entscheidung, gefährliche Entscheidung, belastende Entscheidung, schwerer Weg, Gefahr auf der Straße
Ruten	mit einer Entscheidung kämpfen, zwei Gespräche
Eulen	Gedanken um eine Entscheidung, Entscheidung bringt Sorgen, Kummer
Kind	kleine Entscheidung, Entscheidung reift
Fuchs	falsche Entscheidung, sich nicht entscheiden können, falscher Weg
Bär	große Entscheidung, große Straße, Autobahn
Sterne	klare Entscheidung, vereiste Straßen
Störche	wechselhafte Entscheidungen, unentschlossen, Unentschlossenheit, zwei Wege
Hund	Entscheidung dauert länger, langfristige Entscheidung
Turm	keine Entscheidung, behördliche Entscheidung

Park	entscheidendes Treffen, zwei Treffen, Entscheidung für ein Treffen
Berg	Strassenblockade, Entscheidung ist blockiert, Kopfsteinpflaster, Wege in den Bergen
Mäuse	keine Entscheidung treffen, die Entscheidung betrifft einen Verlust, durch die Entscheidung geht etwas in den Verlust
Herz	Herzensentscheidung, Entscheidung aus Liebe, liebevolle Entscheidung
Ring	zwei Bindungen, Entscheidung eine Bindung betreffend
Buch	insgeheim eine Entscheidung treffen, Entscheidung ist noch nicht spruchreif, unbewusste Entscheidung, entscheidendes Buch
Brief	oberflächliche Entscheidung, Nachricht mit einer Entscheidung, entscheidende Nachricht, Nachricht ist unterwegs
Herr	entschlossener Mann, entschlussfreudiger Mann, zwei Herzensmänner, Mann ist auf dem Weg
Dame	entschlossene Frau, entschlussfreudige Frau, zwei Herzendamen, Frau ist auf dem Weg
Lilie	harmonische Entscheidung, Entscheidung die Familie betreffend

Sonne	positive Entscheidung, Entscheidung im Sommer, positiver Weg
Mond	Angst vor einer Entscheidung, entscheidender Erfolg, Entscheidung macht Angst, angstbelasteter Weg
Schlüssel	Entscheidung kommt sicher, den sicheren Weg gehen
Fische	finanzielle Entscheidung, gefühlvolle Entscheidung
Anker	berufliche Entscheidung, Entscheidung für Stabilität, festhalte an einer Entscheidung
Kreuz	Entscheidung fällt schwer, leidvoller Weg, schicksalhafter Weg

Eigene Interpretationen:

____

____

____

____

____

____

____

23 Mäuse

in Verbindung mit

Reiter	Verlust des Sports, Verlust von Nachrichten, keine Bewegung
Klee	Glück geht in den Verlust, unglücklich
Schiff	Reise geht in den Verlust, Schwankungen gehen in den Verlust, Sehnsucht geht in den Verlust
Haus	Verlust des Hauses, Verlust der Wohnung, Nager im Haus, Diebstahl im Haus
Baum	Leben geht in den Verlust = Sterben, es nagt am Leben = krank sein
Wolken	Unklarheiten gehen in den Verlust, Vermehrung der Unklarheiten (je nach Lage)
Schlange	Höhen und Tiefen gehen in den Verlust, Umwege gehen in den Verlust

Sarg	Erkrankungen der Leber, Krankheit geht in den Verlust = Heilung, keine Verluste
Blumen	Verlust der Schönheit, es nagt an der Zufriedenheit, Verlust der Zufriedenheit, Besuch kommt nicht
Sense	Verlust der Belastung, Verlust des Erfolgs, Verlust des Aufschwungs
Ruten	Kämpfe gehen in den Verlust, Gespräche gehen in den Verlust
Eulen	gedanklich im Verlust = nicht mehr dran denken, Kummer/Sorgen/Zweifel gehen in den Verlust
Kind	kleiner Verlust, Verlust eines Kindes, Wachstum der Verluste
Fuchs	Verlust ist falsch = kein Verlust, das Falsche geht in den Verlust
Bär	Gewichtsverlust, großer Verlust, Verlust der eigenen Stärke
Sterne	Unklarheiten, ein Vermögen verlieren, viel Kleingeld, Verlust der Klarheit
Störche	die Veränderung geht in den Verlust, Veränderungen durch einen Verlust

Hund	Verlust eines Freundes, einer Freundschaft, Verlust des Hundes, Treue geht in den Verlust, es nagt am Selbstwertgefühl
Turm	Trennung geht in den Verlust = wird rückgängig gemacht, Isolation geht in den Verlust
Park	Treffen wird abgesagt, Öffentlichkeit ist im Verlust =man geht nicht raus
Berg	Blockade geht in den Verlust, Verlust ist blockiert
Wege	keine Entscheidung treffen, die Entscheidung betrifft einen Verlust, durch die Entscheidung geht etwas in den Verlust
Herz	es nagt am Herzen = Liebeskummer, Liebe geht in den Verlust
Ring	Verlust der Beziehung, der Bindung, im Kreis drehen geht in den Verlust, Schmuck geht verloren
Buch	ein Geheimnis lüftet sich, etwas wird bewusst, Buch ist verloren gegangen
Brief	Nachrichten gehen in den Verlust, Verlust ist oberflächlich
Herr	kein Herzensmann, rationaler Mann, Zahlenmensch, Herzensmann geht in den Verlust

Dame	keine Herzensdame, rationale Frau, Zahlenmensch, Herzensdame geht in den Verlust
Lilie	keine Sexualität, keine Harmonie, keine Familie
Sonne	Verlust ist positiv, Energieverluste
Mond	Verlustängste, keine Angst, keine Eifersucht, keine Neid, kein Erfolg, keine Träume
Schlüssel	verlorener Schlüssel, keine Lösung, keine Sicherheit
Fische	finanzielle Verluste, Gefühle gehen in den Verlust, Verlustgefühl
Anker	Jobverlust, Verlust der Abhängigkeiten, kein Festhalten
Kreuz	Leid geht in den Verlust, schicksalhafter Verlust

Eigene Interpretationen:

____

24 Herz

in Verbindung mit

Reiter	Liebesbotschaft, rotes Fahrzeug, Herzklopfen
Klee	glücklich verliebt, Glück in der Liebe, kurzes Liebesglück
Schiff	Sehnsucht nach Liebe, Reise aus Liebe, Herz hängt an der Reise
Haus	Herzlichkeit zuhause, Herz hängt am Zuhause, rotes Haus, Liebe im Haus
Baum	herzliches Leben, Liebe ist das Leben, Liebes des Lebens
Wolken	getrübte Liebe, Liebeskummer, halbherzig
Schlange	Herzstolpern, Liebe auf Umwegen, Mutterliebe
Sarg	Herzerkrankungen, Bluterkrankungen, keine Liebe, liebeskrank = Liebeskummer

Blumen	Aufblühen der Herzlichkeit, Geschenk aus Liebe, Aufblühen in der Liebe
Sense	Herzstiche, Herzschmerzen, Liebeskummer
Ruten	herzliche Gespräche, mit der Liebe kämpfen
Eulen	Liebeskummer, Herzflattern, nervöses Herz, liebevolle Gedanken
Kind	junge Liebe, Jugendliebe, Liebe wächst, Liebe zum Kind
Fuchs	Liebe ist falsch = keine Liebe, keine Herzlichkeit, in der Liebe läuft was falsch
Bär	ein großes Herz haben, große Liebe, dickes Blut
Sterne	kaltherzig, kühle Liebe, liebevolle Klärung
Störche	Veränderungen in der Liebe, zwei Herzensmänner (Bube auf Herz)
Hund	Treue in der Liebe, dauerhafte Liebe, liebevolle Freundschaft, treuherzig, Liebe zu einem Freund
Turm	keine Liebe, kein Herz haben, liebevolle Trennung
Park	herzliches Treffen, liebevolles Treffen, offenes Herz

Berg	Liebe wird abgeblockt, Liebe zu den Bergen
Wege	Herzensentscheidung, Entscheidung aus Liebe, liebevolle Entscheidung
Mäuse	es nagt am Herzen = Liebeskummer, Liebe geht in den Verlust
Ring	Liebesbeziehung, liebevolle Beziehung, liebevolle Bindung
Buch	geheime Liebe, insgeheim verliebt, Liebe ist noch nicht spruchreif
Brief	oberflächliche Liebe, Liebesbrief, liebevolle Nachricht
Herr	liebevoller Mann, Liebe zum Mann, herzlicher Mann
Dame	liebevolle Frau, Liebe zur Frau, herzliche Frau
Lilie	liebevolle Sexualität, liebevolle Familie, Regelblutungen
Sonne	Herzenergie, Herzchakra, Herzenswärme
Mond	angstvolle Liebe, Eifersucht, Erfolg in der Liebe
Schlüssel	Liebe ist sicher, verschlossen für Liebe
Fische	tiefe Gefühle, sehr tiefe Liebe, Liebe zum Geld

Anker Liebe zur Arbeit, an der Liebe festhalten, Abhängigkeiten in der Liebe

Kreuz leidvolle Liebe, schicksalhafte Liebe, karmische Liebe

Eigene Interpretationen:

25 Ring

in Verbindung mit

Reiter Autoreifen, Lenkrad, Ballsportart, Schmucklieferung

Klee glückliche Verbindung, gute Verträge, kurze Verbindung

Schiff Rundreise, Reiseverbindung, Fernbeziehung

Haus Schmuckgeschäft, zuhause geht's rund, häusliche Verbindungen

Baum Lebensbindung, sich im Leben im Kreise drehen, lebenslange Verbundenheit

Wolken Beziehung zum Ex oder Vater, unklare Verbindung, Unklarheiten in der Beziehung

Schlange chaotische Beziehung, Beziehung zu Reptilien, Beziehung auf Umwegen

Sarg	keine Beziehung, keine Verbindung, Ender der Beziehung, Beziehung ist totgelaufen
Blumen	schöne Beziehung, Aufblühen innerhalb der Beziehung, schöne Verbindung, Verlobung
Sense	Belastungen in der Beziehung, Aufschwung in der Beziehung, Verletzungen in der Beziehung, belastete Beziehung
Ruten	Ringkampf, Kämpfe innerhalb der Beziehung, sich im Gespräch im Kreise drehen
Eulen	Kummer mit einer Beziehung, Beziehung anzweifeln, zwei Beziehungen
Kind	junge Beziehung, Beziehung zu Kindern, Beziehung wächst
Fuchs	falsche Verbindung, in der Beziehung läuft was falsch, unechter Schmuck
Bär	dicker Bauch, großer Vertrag, 15 jährige Bindung
Sterne	spirituelle Verbindung, klare Verbindung, vertragliche Klärung
Störche	wiederkehrende Veränderungen, Veränderungen in der Beziehung, zwei Beziehungen

Hund	freundschaftliche Bindung, Freundeskreis, es läuft rund in der Freundschaft, langandauernde Beziehung
Turm	Beziehungstrennung, Trennung einer Verbindung
Park	öffentliche Bindung, öffentliche Beziehung, Hochzeit, Ehe
Berg	immer wiederkehrende Blockade, Beziehung ist blockiert, Stein auf einem Ring
Wege	zwei Bindungen, Entscheidung eine Bindung betreffend
Mäuse	Verlust der Beziehung, der Bindung, im Kreis drehen geht in den Verlust, Schmuck geht verloren
Herz	Liebesbeziehung, liebevolle Beziehung, liebevolle Bindung
Buch	geheime Verbindung, ein Geheimnis macht die Runde, geheime Beziehung
Brief	oberflächliche Beziehung, Rundbrief, Rundschreiben
Herr	Beziehung zum Herzensmann, Mann in einer Beziehung, beziehungsfähiger Mann

Dame	Beziehung zur Herzensdame, Frau in einer Beziehung, beziehungsfähige Frau
Lilie	harmonische Beziehung, sexuelle Beziehung, wiederkehrende Sexualität
Sonne	positive Verbindung, positive Beziehung, Beziehung gibt Kraft
Mond	Beziehungsängste, Angst um die Beziehung, Eifersucht in der Beziehung, erfolgreiche Verbindung
Schlüssel	sichere Beziehung, Bindung kommt mit Sicherheit
Fische	gefühlvolle Beziehung, Beziehung zum Geld
Anker	Festhalten an der Beziehung, Beziehung ist stabil, berufliche Verbindung
Kreuz	leidvolle Beziehung, schicksalhafte Beziehung

Eigene Interpretationen:

26 Buch

in Verbindung mit

Reiter	Aktives Lernen, Sportbuch
Klee	Diätbuch, Kochbuch, geheimes Glück
Schiff	Reiseplanung, Reise, die im Geheimen liegt
Haus	Bibliothek, Schule, Geheimnis das zuhause betreffend, Hausplanung
Baum	Lebensgeheimnis, Autobiografie
Wolken	ein Geheimnis klärt sich, verschleierte Geheimnisse
Schlange	kompliziertes Geheimnis, Lernen macht Schwierigkeiten, keine Lust zu lernen
Sarg	insgeheim krank = Krankheit wurde noch nicht entdeckt, kein Geheimnis, keine Bücher

Blumen	Aufblühen der Geheimnisse, schöne Bücher, Kräuterbuch, Beautybuch, Kosmetikbuch, Buch über Mode, schönes Geheimnis
Sense	belastendes Geheimnis, Erfolgsgeheimnis
Ruten	insgeheim Gespräche, Gespräche über ein Geheimnis, insgeheim kämpfen
Eulen	zwei Geheimnisse, Geheimnis bereitet Kummer/ macht Stress
Kind	kleines Geheimnis, Jugendbuch, geheim gehaltenes Kind
Fuchs	Geheimnis ist falsch = kein Geheimnis, falsche Bücher
Bär	großes Geheimnis, großes Buch, Großes planen, großes Studium
Sterne	spirituelles Buch, Zielplanung, viele Bücher
Störche	Veränderungen sind noch nicht spruchreif, Veränderungen im Geheimen
Hund	Freundschaft ist noch nicht spruchreif, geheime Freundschaft, geheimer Freund/Freundin
Turm	Planung einer Trennung, Trennung ist noch nicht spruchreif
Park	geheimes Treffen, ein Geheimnis lüftet sich, offenes Buch, ein offenes Buch sein

Berg	unbewusste Blockade, geheimnisvolle Blockade
Wege	insgeheim eine Entscheidung treffen, Entscheidung ist noch nicht spruchreif, unbewusste Entscheidung, entscheidendes Buch
Mäuse	ein Geheimnis lüftet sich, etwas wird bewusst, Buch ist verloren gegangen
Herz	geheime Liebe, insgeheim verliebt, Liebe ist noch nicht spruchreif
Ring	geheime Verbindung, ein Geheimnis macht die Runde, geheime Beziehung
Brief	geheimnisvolle Nachricht, Bücherregal
Herr	geheimnisvoller Mann, insgeheim der Herzensmann, belesener Mann
Dame	geheimnisvolle Frau, insgeheim die Herzensdame, belesene Frau
Lilie	insgeheim Sexualität, Familiengeheimnis
Sonne	positive Bücher, Bücher die gut tun, klärt sich zum Positiven, Tagebuch
Mond	unbewusste Ängste, insgeheim eifersüchtig, Erfolgsbuch, Erfolg klärt sich, Traumdeutungsbuch

Schlüssel	verschlossenes Geheimnis, Geheimnis ist sicher, bleibt geheim
Fische	Finanzbücher, Buchhaltung, insgeheim Gefühle
Anker	Berufsgeheimnis, Arbeitsbuch, geheime Abhängigkeiten
Kreuz	leidvolles Geheimnis, Schicksal klärt sich

Eigene Interpretationen:

27 Brief

in Verbindung mit

Reiter	oberflächliche Nachricht, schriftliche Nachricht, Postbote
Klee	glückliche Nachricht, kurzfristige Nachricht, Lottoschein
Schiff	Reiseunterlagen, Reisepapiere, Urlaubpostkarte, Nachricht aus der Ferne, traurige Nachricht
Haus	Mietvertrag, Dokumente das Zuhause betreffend, Nachricht kommt ins Haus
Baum	Nachricht das eigene Leben betreffend, Gesundschreibung
Wolken	unklare Nachrichten, trübe Nachrichten
Schlange	Nachricht kommt auf Umwegen, Nachricht von älterer Frau

Sarg	keine Nachrichten, nicht oberflächlich, Krankschreibung, Befund
Blumen	schöne Nachricht, schöner Brief, oberflächliche Schönheit, oberflächliches Aufblühen, oberflächliche Zufriedenheit
Sense	Erfolgsnachricht, belastende Nachricht, schmerzvolle Nachricht, mehr Nachrichten
Ruten	zwei Nachrichten, Nachricht bereitet Sorgen, oberflächliche Zweifel, oberflächlicher Kummer
Eulen	zwei Nachrichten, Nachricht bereitet Sorgen, oberflächliche Zweifel, oberflächlicher Kummer
Kind	kleine Nachricht, mehr Nachrichten
Fuchs	Falschnachricht, Nachricht ist falsch = keine Nachricht, oberflächlich betrachtet falsch
Bär	schwerer Brief, große Oberflächlichkeit, großes Regal, große Decke, große Tasche, oberflächliche Stärke
Sterne	spirituelle Unterlagen, viele Briefe, viele Papiere, oberflächliche Klarheit
Störche	oberflächliche Veränderungen, Antwort auf einen Brief oder eine Nachricht

Hund	Brieffreund, oberflächliche Freundschaft
Turm	oberflächliche Trennung, oberflächliche Isolation, Auslandsbrief, oberflächlicher Rückzug
Park	nur oberflächlich offen, eine Nachricht öffnen, offener Brief, öffentliches Schreiben
Berg	oberflächliche Blockade, keine Nachrichten, ein Haufen Briefe/Post
Wege	oberflächliche Entscheidung, Nachricht mit einer Entscheidung, entscheidende Nachricht, Nachricht ist unterwegs
Mäuse	Nachrichten gehen in den Verlust, Verlust ist oberflächlich
Herz	oberflächliche Liebe, Liebesbrief, liebevolle Nachricht
Ring	oberflächliche Beziehung, Rundbrief, Rundschreiben
Buch	geheimnisvolle Nachricht, Bücherregal
Herr	oberflächlicher Mann, nur oberflächlich der Herzensmann, energetisch „platter“ Mann
Dame	oberflächliche Frau, nur oberflächlich die Herzensdame, energetisch „platte“ Frau
Lilie	oberflächliche Sexualität, oberflächliche Harmonie, oberflächliche Familienverhältnisse

Sonne	positive Nachricht, Nachricht im Sommer, gelber Brief = Gerichtspost
Mond	Angst vor der Nachricht, Erfolgsnachricht, oberflächliche eifersüchtig, oberflächlich neidisch
Schlüssel	Nachricht kommt mit Sicherheit, verschlossener Brief
Fische	Finanzpapiere, Nachricht die Finanzen betreffend, oberflächliche Gefühle
Anker	Arbeitsvertrag, berufliche Nachricht, oberflächliche Abhängigkeit
Kreuz	leidvolle Nachricht, schicksalhafte Nachricht

Eigene Interpretationen:

28 Herr

in Verbindung mit

Reiter	sportlicher, impulsiver, aktiver Mann
Klee	glücklicher Mann, Glückspilz
Schiff	reiselustiger Mann, Herzensmann lebt weiter weg
Haus	häuslicher Mann, Hausherr
Baum	Lebenspartner
Wolken	undurchschaubarer Mann
Schlange	komplizierter Mann, Herzensmann ist noch gebunden (Kreuzdame), giftiger Mann
Sarg	verschlossener, negativer Mann, kein Herzensmann
Blumen	schöner Mann, zufriedener Mann, Aufblühen mit dem Herzensmann

Sense	aggressiver Mann, Aufschwung mit dem Herzensmann
Ruten	kämpferischer Mann, zwei Herzensmänner
Eulen	sorgenvoller Mann, Kummer mit dem Herzensmann, zwei Herzensmänner
Kind	jugendlicher Mann, junggebliebener Mann, kindischer Mann, naiver Mann
Fuchs	schlauer, gewitzter Mann, mit dem Herzensmann läuft was schief
Bär	dickerer Mann, Mann mit Persönlichkeit, Selbständiger, starker Mann
Sterne	spiritueller Mann, kühler Mann, klarer Mann
Störche	launischer Mann, flexibler Mann, zwei Herzensmänner
Hund	treuer Mann, freundlicher Mann, ist schon lange der Herzensmann
Turm	Mann auf Rückzug, isolierter Mann, einsamer Mann
Park	offener Mann, Mann steht in der Öffentlichkeit, Treffen mit dem Herzensmann
Berg	Herzensmann blockt ab, blockierter Mann, kein Herzensmann

Wege	entschlossener Mann, entschlussfreudiger Mann, zwei Herzensmänner, Mann ist auf dem Weg
Mäuse	kein Herzensmann, rationaler Mann, Zahlenmensch, Herzensmann geht in den Verlust
Herz	liebevoller Mann, Liebe zum Mann, herzlicher Mann
Ring	Beziehung zum Herzensmann, Mann in einer Beziehung, beziehungsfähiger Mann
Buch	geheimnisvoller Mann, insgeheim der Herzensmann, belesener Mann
Brief	oberflächlicher Mann, nur oberflächlich der Herzensmann, energetisch „platter" Mann
Dame	Mann, der auf Frauen wirkt
Lilie	harmonischer Mann, Familienmensch, attraktiver, anziehender Mann
Sonne	positiver Gemütsmensch, Mann aus dem Süden
Mond	ängstlicher Mann, erfolgreicher Mann, eifersüchtiger Mann, neidischer Mann, Traummann
Schlüssel	sicherheitsbedachter Mann, verschlossener Mann
Fische	gefühlvoller Mann, Finanzen sind ihm wichtig

Anker beständiger Mann, Mann mit Abhängigkeiten, stabiler Mann

Kreuz schicksalhafter Mann, leidvoller Mann

Eigene Interpretationen:

29 Dame

in Verbindung mit

Reiter	sportliche, impulsive, aktive Frau
Klee	glückliche Frau, Glückspilz
Schiff	reiselustige Frau, Herzensdame lebt weiter weg
Haus	häusliche Frau, Dame des Hauses
Baum	Lebenspartnerin
Wolken	undurchschaubare Frau, Frau ist noch gebunden (Kreuzkönig)
Schlange	komplizierte Frau, giftige Frau
Sarg	verschlossene, negative Dame, keine Herzensdame
Blumen	schöne Frau, zufriedene Frau, Aufblühen mit der Herzensdame

Sense	aggressive Frau, Aufschwung mit der Herzensdame
Ruten	kämpferische Frau, zwei Herzensdamen
Eulen	sorgenvolle Frau, Kummer mit der Herzensdame, zwei Herzensdamen
Kind	jugendliche Frau, junggeblieben Frau, kindische Frau, naive Frau
Fuchs	schlaue, gewitzte Frau, mit der Herzensdame läuft was schief
Bär	dickere Frau, Frau mit Persönlichkeit, Selbständige, starke Frau
Sterne	spirituelle Frau, kühle Frau, klare Frau
Störche	launische Frau, flexible Frau, zwei Herzensdamen
Hund	treue Frau, freundliche Frau, ist schon lange die Herzensdame
Turm	Frau auf Rückzug, isolierte Frau, einsame Frau
Park	offene Frau, Frau steht in der Öffentlichkeit, Treffen mit der Herzensdame
Berg	Herzensdame blockt ab, blockierte Frau, keine Herzensdame

Wege	entschlossene Frau, entschlussfreudige Frau, zwei Herzendamen, Frau ist auf dem Weg
Mäuse	keine Herzensdame, rationale Frau, Zahlenmensch, Herzensdame geht in den Verlust
Herz	liebevolle Frau, Liebe zur Frau, herzliche Frau
Ring	Beziehung zur Herzensdame, Frau in einer Beziehung, beziehungsfähige Frau
Buch	geheimnisvolle Frau, insgeheim die Herzensdame, belesene Frau
Brief	oberflächliche Frau, nur oberflächlich die Herzensdame, energetisch „platte" Frau
Herr	Frau, die auf Männer wirkt
Lilie	harmonische Frau, Familienmensch, attraktive, anziehende Frau
Sonne	positiver Gemütsmensch, Frau aus dem Süden
Mond	ängstliche Frau, erfolgreiche Frau, neidische Frau, eifersüchtige Frau, Traumfrau
Schlüssel	sicherheitsbedachte Frau, verschlossene Frau
Fische	gefühlvolle Frau, Finanzen sind ihr wichtig
Anker	beständige Frau, Frau mit Abhängigkeiten, stabile Frau

Kreuz schicksalshafte Frau, leidvolle Frau

Eigene Interpretationen:

30 Lilie

in Verbindung mit

Reiter	aktive Sexualität, harmonische Bewegung, familiäre Unternehmungen
Klee	glückliche Sexualität, glückliche Familie, kleine Familie
Schiff	Familienurlaub, Schwankungen in der Familie, Schwankungen in der Sexualität
Haus	Familienbesitz, Sexshop, Bordell, harmonisches Zuhause
Baum	gelebte Sexualität, Familie ist das Leben, harmonisches Leben
Wolken	unklare Familienverhältnisse, getrübte Sexualität
Schlange	chaotische Familienverhältnisse, Familie auf Umwegen, Höhen und Tiefen in der Sexualität, Hormonschwankungen

Sarg	keine Sexualität, kranke Sexualität, disharmonisch, keine Familie
Blumen	Zufriedenheit in der Familie, schöne Sexualität, harmonisches Aufblühen
Sense	scharfe Sexualität, plötzlicher und spontaner Sex, Belastungen innerhalb der Familie, Aufschwung in der Harmonie
Ruten	familiäre Gespräche, Gespräche über Sexualität, Kämpfe innerhalb/mit der Familie
Eulen	Kummer in der Familie, harmonische Gedanken
Kind	kleine Familie, Familie mit Kindern, mehr Sexualität
Fuchs	Harmonie ist falsch = keine Harmonie, falsche Familie
Bär	starker Sexualtrieb, große Harmonie, neuer Mann mit Stärke, große Familie, große Kälte
Sterne	kalte Familienverhältnisse, kühle Sexualität, klare Harmonie, Klärung im Winter
Störche	harmonische Veränderungen, Veränderungen innerhalb der Familie, Veränderungen in der Sexualität

Hund	sexuelle Treue, Freunde sind die Familie, Hund ist Familienmitglied, harmonische Freundschaft, Freundschaft mit Sexualität
Turm	getrennt von der Sexualität = keine Sexualität, Penis, harmonische Trennung
Park	Sex in der Öffentlichkeit, offen mit Sex umgehen, Familientreffen, harmonisches Treffen, Treffen mit Sex
Berg	keine Sexualität, Hindernisse in der Familie, keine Harmonie
Wege	harmonische Entscheidung, Entscheidung die Familie betreffend
Mäuse	keine Sexualität, keine Harmonie, keine Familie
Herz	liebevolle Sexualität, liebevolle Familie, Regelblutungen
Ring	harmonische Beziehung, sexuelle Beziehung, wiederkehrende Sexualität
Buch	insgeheim Sexualität, Familiengeheimnis
Brief	oberflächliche Sexualität, oberflächliche Harmonie, oberflächliche Familienverhältnisse
Herr	harmonischer Mann, Familienmensch, attraktiver, anziehender Mann

Dame	harmonische Frau, Familienmensch, attraktive, anziehende Frau
Sonne	positive, gesunde Sexualität, harmonischer Sommer
Mond	sexuell erfolgreich, erfolgreiche Familie, sexuelle Ängste, Ängste um die Familie
Schlüssel	mit Sicherheit Sex, sichere Harmonie
Fische	harmonische Gefühle, gefühlvolle Sexualität, Sex für Geld
Anker	harmonische Arbeitsverhältnisse, Prostitution (mit Fischen), sexuelle Abhängigkeiten
Kreuz	leidvolle Sexualität, Familienkarma

Eigene Interpretationen:

31 SONNE

in Verbindung mit

Reiter	Sommersportarten, Sport ist positiv, Unternehmungen tagsüber
Klee	kurzfristig Kraft und Energie, Glück kommt im Sommer,
Schiff	Reise in den Süden, Energieschwankungen
Haus	Wohnung/Haus im Süden, gelbes, helles Haus, Licht im Haus, Sommerresidenz, Haus ist positiv
Baum	Wohnung/Haus im Süden, gelbes, helles Haus, Licht im Haus, Sommerresidenz, Haus ist positiv
Wolken	positive Klärung, halbe Energie, getrübte Freude
Schlange	Höhen und Tiefen im Sommer, Umwege sind positiv, Energie ist reduziert

Sarg	keine Energie, kein Licht, nichts Positives, keine Lebensfreude
Blumen	Aufblühen ist positiv, Aufblühen der Energie = wieder mehr Energie haben
Sense	positiver Aufschwung, energetische Belastung
Ruten	positive Gespräche, energiebringende Gespräche, Kampf mit der eigenen Energie, Gespräche im Sommer
Eulen	positive Gedanken, Telefonat ist positiv, positives Denken, strahlender Blick
Kind	Wachstum der Energie, positiver Neuanfang
Fuchs	falscher Schein = Scheinheiligkeit, keine Energie, keine Wärme
Bär	strahlende Persönlichkeit, viel Energie, kraftvoll (Sonne verstärkt positiv), große Freude
Sterne	Klärung im Sommer, kühler Sommer, Hellsicht, klare Energien
Störche	positive Veränderungen, zweiter Sommer
Hund	positive Freundschaft, schöne Freundschaft, Freunde geben Kraft
Turm	Trennung /Rückzug ist positiv, warmes Ausland

Park	positives Treffen, Treffen im Sommer
Berg	Energieblockade, keine Energie, nicht positiv, kein Licht
Wege	positive Entscheidung, Entscheidung im Sommer, positiver Weg
Mäuse	Verlust ist positiv, Energieverluste
Herz	Herzenergie, Herzchakra, Herzenswärme
Ring	positive Verbindung, positive Beziehung, Beziehung gibt Kraft
Buch	positive Bücher, Bücher die gut tun, klärt sich zum Positiven, Tagebuch
Brief	positive Nachricht, Nachricht im Sommer, gelber Brief = Gerichtspost
Herr	positiver Gemütsmensch, Mann aus dem Süden
Dame	positiver Gemütsmensch, Frau aus dem Süden
Lilie	positive, gesunde Sexualität, harmonischer Sommer
Mond	positive Erfolgsaussichten, starke Eifersucht, starker Neid
Schlüssel	mit Sicherheit positiv, 100% Energie

Fische	positive Gefühle, Geld liegt positiv, Finanzen liegen gut
Anker	positiver Job, Job läuft gut
Kreuz	positives Schicksal / Karma

Eigene Interpretationen:

32 Mond

in Verbindung mit

Reiter	Nachtkurier, bewegte Ängste, nächtliche Unruhe, Unternehmungen am Abend
Klee	Glücklich sein über Anerkennung und Erfolg, kurzfristiger Erfolg
Schiff	Angst vor der Reise, abends kommt die Sehnsucht, die Traurigkeit, Depression
Haus	Angst zuhause, Angst um den Besitz, Erfolg im Haus
Baum	Lebensangst, Erfolg ist das Leben, Träume leben, Lebenstraum
Wolken	mittelmäßiger Erfolg, getrübt durch Ängste, getrübte Psyche
Schlange	Höhen und Tiefen durch Ängste, psychische Höhen und Tiefen, Erfolg auf Umwegen, Anerkennung ist reduziert

Sarg	Erkrankungen der Psyche, kein Erfolg, negative Träume, keine Ängste
Blumen	Aufblühen der Ängste, Aufblühen des Erfolgs
Sense	plötzliche Ängste, psychische Belastungen erfolgreicher Aufschwung
Ruten	erfolgreiche Gespräche, Kampf mit der Angst, Kampf mit der Psyche, psychologische Gespräche
Eulen	nervöse Psyche, zwei Monate, zwei Nächte, Anruf am Abend
Kind	Wachstum der Ängste, kleine Ängste, Wachstum des Erfolgs, mehr Anerkennung
Fuchs	Erfolg ist falsch = keine Erfolg, keine Anerkennung, keine Träume
Bär	große Angst, Panik, großer Erfolg, starke Eifersucht, große Sehnsucht, große Träume
Sterne	klarer Erfolg, Erfolg im Winter, Klarträume, Eifersucht klärt sich, klare Ängste, Ängste klären sich
Störche	Eifersucht verändert sich, Ängste verändern sich, traumhafte Veränderungen, Veränderungen im Erfolg, Angst vor Veränderungen

Hund	Eifersucht in der Freundschaft, Angst um/in Freundschaft, Angst um die Treue, langanhaltender Erfolg, traumhafte Freundschaft
Turm	Trennungsängste, keine Eifersucht, kein Erfolg, keine Angst, kein Neid
Park	Angst sich zu öffnen, Angst in der Öffentlichkeit, offene Eifersucht, offener Neid, Erfolg in der Öffentlichkeit, erfolgreiches Treffen, traumhaftes Treffen
Berg	Angstblockade, keine Angst, kein Erfolg, keine Eifersucht, kein Neid, keine Träume, kein Erfolg
Wege	Angst vor einer Entscheidung, entscheidender Erfolg, Entscheidung macht Angst, angstbelasteter Weg
Mäuse	Verlustängste, keine Angst, keine Eifersucht, keine Neid, kein Erfolg, keine Träume
Herz	angstvolle Liebe, Eifersucht, Erfolg in der Liebe
Ring	Beziehungsängste, Angst um die Beziehung, Eifersucht in der Beziehung, erfolgreiche Verbindung
Buch	unbewusste Ängste, insgeheim eifersüchtig, Erfolgsbuch, Erfolg klärt sich, Traumdeutungsbuch

Brief	Angst vor der Nachricht, Erfolgsnachricht, oberflächliche eifersüchtig, oberflächlich neidisch
Herr	ängstlicher Mann, erfolgreicher Mann, eifersüchtiger Mann, neidischer Mann, Traummann
Dame	ängstliche Frau, erfolgreiche Frau, neidische Frau, eifersüchtige Frau, Traumfrau
Lilie	sexuell erfolgreich, erfolgreiche Familie, sexuelle Ängste, Ängste um die Familie
Sonne	positive Erfolgsaussichten, starke Eifersucht, starker Neid
Schlüssel	mit Sicherheit Erfolg, erfolgreicher Abschluss, Angst um die Sicherheit
Fische	finanzielle Ängste, angstvolle Gefühle
Anker	berufliche Ängste, berufliche Anerkennung, beruflicher Neid
Kreuz	leidvolle Ängste, schicksalhafter Erfolg

Eigene Interpretationen:

____

____

____

33 SCHLÜSSEL

in Verbindung mit

Reiter	Tanzen, Sicherheitsdienst, Schlüsseldienst, Nachricht kommt sicher
Klee	kurzfristige Sicherheit, mit Sicherheit glücklich
Schiff	sichere Reise, Reise kommt 100%ig
Haus	Schlüsseldienst, mit Sicherheit Eigentum, schlüsselfertiges Haus, Sicherheit im Zuhause
Baum	Sicherheit im Leben, das Leben in der eigenen Hand haben
Wolken	mit Sicherheit Probleme, unsicher
Schlange	Höhen und Tiefen in der Sicherheit, Höhen und Tiefen mit Sicherheit, hundertprozentiges Chaos
Sarg	absolut verschlossen, keine Sicherheit, mit Sicherheit negativ

Blumen	mit Sicherheit zufrieden, Zufriedenheit ist die Lösung, mit Sicherheit schön
Sense	Erfolg, Aufschwung, Belastung mit Sicherheit
Ruten	mit Sicherheit Kämpfe, Gespräch kommt 100%ig
Eulen	mit Sicherheit Kummer und Sorgen
Kind	mit Sicherheit Kinder, mit Sicherheit ein Neuanfang
Fuchs	mit Sicherheit falsch, richtiger Zeitpunkt
Bär	große Sicherheit, starke Absicherung, sehr musikalisch, sehr lösungsorientiert
Sterne	mit Sicherheit klar, wird mit Sicherheit geklärt, absolute Kälte
Störche	Veränderung kommt mit Sicherheit, Verunsicherung
Hund	Freundschaft ist sicher, Treue ist sicher, langanhaltende Sicherheit
Turm	Trennung kommt mit Sicherheit, abgeschlossene Trennung
Park	Treffen kommt mit Sicherheit
Berg	keine Sicherheit, mit Sicherheit blockiert, mit Sicherheit Hindernisse

Wege	Entscheidung kommt sicher, den sicheren Weg gehen
Mäuse	verlorener Schlüssel, keine Lösung, keine Sicherheit
Herz	Liebe ist sicher, verschlossen für Liebe
Ring	sichere Beziehung, Bindung kommt mit Sicherheit
Buch	verschlossenes Geheimnis, Geheimnis ist sicher, bleibt geheim
Brief	Nachricht kommt mit Sicherheit, verschlossener Brief
Herr	sicherheitsbedachter Mann, verschlossener Mann
Dame	sicherheitsbedachte Frau, verschlossene Frau
Lilie	mit Sicherheit Sex, sichere Harmonie
Sonne	mit Sicherheit positiv, 100% Energie
Mond	mit Sicherheit Erfolg, erfolgreicher Abschluss, Angst um die Sicherheit
Fische	sicheres Geld, für finanzielle Sicherheit sorgen, Geld ist sicher
Anker	sicherer Arbeitsplatz, 100%ig Arbeit

Kreuz 100%ig schicksalhaft, 100% Leiden

Eigene Interpretationen:

34 Fische

in Verbindung mit

Reiter	Wassersportarten, Angeln, Bewegung in den Finanzen
Klee	Glück mit Geld, kleine Geldsumme, Fischgericht, Bier
Schiff	Schwankungen im finanziellen Bereich, tiefgehende Sehnsucht, sehr tiefe Traurigkeit
Haus	kleine Bank, Haus am Wasser
Baum	Geld ist das Leben, tiefes Lebensgefühl
Wolken	Geldprobleme, unklare Finanzverhältnisse, betrübte Gefühle
Schlange	Reduzierung des Einkommens, Schwankungen im Geld, chaotische finanzielle Verhältnisse
Sarg	Schwarzgeld, keine Geld, finanzieller Ruin

Blumen	Aufblühen der Finanzen = mehr Geld, Aufblühen der Gefühle
Sense	Aufschwung in den Finanzen, belastende finanzielle Situation
Ruten	Kampf mit den Finanzen, gefühlstiefe Gespräche, Gespräche über Geld
Eulen	Kummer mit den Finanzen, Geldsorgen
Kind	Wachstum in den Finanzen, mehr Geld, kleines Geld
Fuchs	Finanziell geht was schief, tiefe Gefühle sind falsch = keine tiefen Gefühle
Bär	viel Geld, ein Vermögen, große Gefühle, starke Gefühle, großer Fisch
Sterne	sehr viel Geld, vermögend, abgekühlte Gefühle, kalte Gefühle, Gefühle klären sich
Störche	Veränderungen in den Finanzen, Gefühlslage ändert sich
Hund	freundschaftliche Gefühle
Turm	Finanzamt, Geldverlust
Park	öffentliche Gelder, sich gefühlsmäßig öffnen, Gefühle offenlegen

Berg	Finanzen sind blockiert, ein Haufen Geld, Gefühle werden abgeblockt, Gefühlsblockade
Wege	finanzielle Entscheidung, gefühlvolle Entscheidung
Mäuse	finanzielle Verluste, Gefühle gehen in den Verlust, Verlustgefühl
Herz	tiefe Gefühle, sehr tiefe Liebe, Liebe zum Geld
Ring	gefühlvolle Beziehung, Beziehung zum Geld
Buch	Finanzbücher, Buchhaltung, insgeheim Gefühle
Brief	Finanzpapiere, Nachricht die Finanzen betreffend, oberflächliche Gefühle
Herr	gefühlvoller Mann, Finanzen sind ihm wichtig
Dame	gefühlvolle Frau, Finanzen sind ihr wichtig
Lilie	harmonische Gefühle, gefühlvolle Sexualität, Sex für Geld
Sonne	positive Gefühle, Geld liegt positiv, Finanzen liegen gut
Mond	finanzielle Ängste, angstvolle Gefühle
Schlüssel	sicheres Geld, für finanzielle Sicherheit sorgen, Geld ist sicher

Anker	Lohn, Geld für Arbeit, finanzielle Stabilität, stabile Gefühlslage
Kreuz	finanzielles Leid, Finanzkarma, Seelenverbindung

Eigene Interpretationen:

____

____

____

____

____

____

____

35 Anker

in Verbindung mit

Reiter	Berufssportler, Job im Außendienst, Berufskraftfahrer, Busfahrer
Klee	kleiner Job im Sinne von Halbtagsjob oder 400 Euro Job, glücklich mit der Arbeit
Schiff	Beruf der mit Booten und Schiffen zu tun hat, Arbeit im Hafen, Schwankungen im Job, Geschäftsreise
Haus	Immobilienmakler, Hauswirtschaft, Arbeiten am Haus
Baum	Berufung, Beruf fürs Leben, der Job ist das Leben
Wolken	Unklarheiten im Job, problematische Arbeit
Schlange	Job kommt auf Umwegen, Chaos auf der Arbeit, Höhen und Tiefen im Job

Sarg	kein Job, Arbeit ist negativ
Blumen	Zufriedenheit am Arbeitsplatz, kreativer Beruf
Sense	beruflicher Aufschwung, berufliche Belastung
Ruten	Kampf mit dem Job, berufliche Gespräche, Besprechungen
Eulen	zwei Jobs, Kummer mit der Arbeit, Stress auf der Arbeit
Kind	kleiner Job im Sinne von Halbtagsjob oder 400 Euro Job
Fuchs	falscher Beruf, keine Stabilität
Bär	starke Abhängigkeit, starkes Festhalten, Führungsposition auf der Arbeit, Vorgesetzter, große Stabilität
Sterne	Abhängigkeiten klären sich, Festhalten klärt sich, berufliche Klärung, Beruf im spirituellen Bereich
Störche	berufliche Veränderung, Stabilität verändert sich, Abhängigkeiten verändern sich, stabile Veränderung
Hund	Arbeitskollegen, langanhaltende Stabilität
Turm	Beruf in einer Behörde einem Amt, selbst kündigen, keine Stabilität

Park	Beruf in der Öffentlichkeit, berufliches Treffen
Berg	Arbeitsblockade, keine Abhängigkeiten, kein Job
Wege	berufliche Entscheidung, Entscheidung für Stabilität, festhalte an einer Entscheidung
Mäuse	Jobverlust, Verlust der Abhängigkeiten, kein Festhalten
Herz	Liebe zur Arbeit, an der Liebe festhalten, Abhängigkeiten in der Liebe
Ring	Festhalten an der Beziehung, Beziehung ist stabil, berufliche Verbindung
Buch	Berufsgeheimnis, Arbeitsbuch, geheime Abhängigkeiten
Brief	Arbeitsvertrag, berufliche Nachricht, oberflächliche Abhängigkeit
Herr	beständiger Mann, Mann mit Abhängigkeiten, stabiler Mann
Dame	beständige Frau, Frau mit Abhängigkeiten, stabile Frau
Lilie	harmonische Arbeitsverhältnisse, Prostitution (mit Fischen), sexuelle Abhängigkeiten
Sonne	positiver Job, Job läuft gut

Mond	berufliche Ängste, berufliche Anerkennung, beruflicher Neid
Schlüssel	sicherer Arbeitsplatz, 100%ig Arbeit
Fische	Lohn, Geld für Arbeit, finanzielle Stabilität, stabile Gefühlslage
Kreuz	Berufskarma, stabiles Leid, Berufung

Eigene Interpretationen:

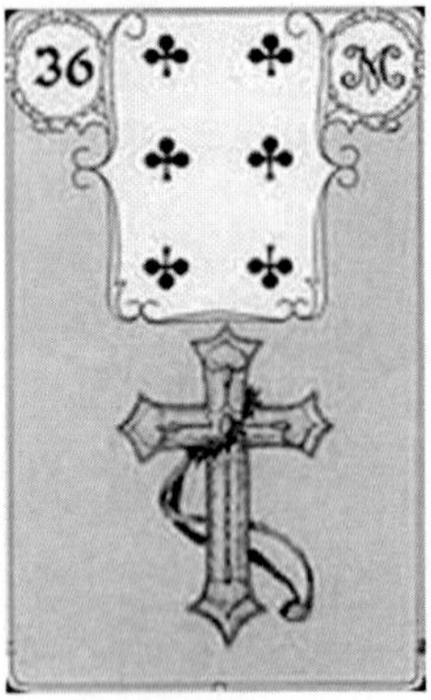

36 Kreuz

in Verbindung mit

Reiter	aktives Leid, Kummer
Klee	Glück ist besiegelt, kurzfristiges Leid
Schiff	Leid während der Reise, schicksalshafte Reise
Haus	Leid im Haus, Leid wegen Wohnung/Haus, Haus ist schicksalshaft
Baum	schicksalhaftes Leben, Lebensleid
Wolken	schicksalshafte Probleme, Leid durch Probleme
Schlange	Leid reduziert sich, kompliziertes Karma
Sarg	tiefstes Leid, Leiden an einer Krankheit, kein Leid
Blumen	Aufblühen des Leids

Sense	Aufschwung des Leides, starke Belastung
Ruten	leidvolle Gespräche, schicksalhafter Kampf
Eulen	leidvolle Gedanken
Kind	schicksalhaftes Wachstum, Wachstum des Leides
Fuchs	kein Leid, nicht schicksalhaft
Bär	großes Leid, starkes Leid, großes Schicksal
Sterne	geklärtes Karma, Karma klärt sich, Leid klärt sich, Leid im Winter, schicksalhafte Klärung
Störche	schicksalhafte Veränderung, das Leid verändert sich, das Karma dreht sich, verändert sich
Hund	schicksalhafte Freundschaft, leidvolle Freundschaft
Turm	kein Leid, kein Karma, Karma auflösen, sich vom Leid trennen
Park	offenes Leid, leidvolles Treffen, schicksalshafte Begegnung
Berg	schicksalshafte Blockade, keine Leid, keine Karma
Wege	Entscheidung fällt schwer, leidvoller Weg, schicksalhafter Weg

Mäuse	Leid geht in den Verlust, schicksalhafter Verlust
Herz	leidvolle Liebe, schicksalhafte Liebe, karmische Liebe
Ring	leidvolle Beziehung, schicksalhafte Beziehung
Buch	leidvolles Geheimnis, Schicksal klärt sich
Brief	leidvolle Nachricht, schicksalhafte Nachricht
Herr	schicksalhafter Mann, leidvoller Mann
Dame	schicksalshafte Frau, leidvolle Frau
Lilie	leidvolle Sexualität, Familienkarma
Sonne	positives Schicksal / Karma
Mond	leidvolle Ängste, schicksalhafter Erfolg
Schlüssel	100%ig schicksalhaft, 100% Leiden
Fische	finanzielles Leid, Finanzkarma, Seelenverbindung
Anker	Berufskarma, stabiles Leid, Berufung

Eigene Interpretationen:

Zahlen & Zeiten

Zahlen

1	Turm
2	Ruten, Eulen, Störche, Wege
3	Schiff, Ruten/Eulen/Störche/Wege + Turm
4	Klee, je zwei Karten für den Zahlenwert 2
5	je zwei Karten für den Zahlenwert 2 + Turm
6	je drei Karten für den Zahlenwert 2
6-8	Wege
7-10	Baum

Jahreszeiten

Frühling	Blumen
Sommer	Sonne
Spätsommer	Baum
Herbst	Sense
Winter	Lilie, Sterne

MONATE

Januar	Sterne
Februar	Störche
März	Blumen
April	Klee
Mai	Park
Juni	Kind +Sonne
Juli	Sonne
August	Herz
September	Baum
Oktober	Sense
November	Wolken
Dezember	Lilie

SONSTIGE ZEITEN

4 Tage	Klee
4 Wochen	Klee
30 Tage	Fische
6-8 Wochen	Wege
1 Jahr	Turm
1-3 Jahre	Schiff
7-10 Jahre	Baum
10 Jahre	Turm
15 Jahre	Bär
100 Jahre	Turm
1000 Jahre	Turm

ÜBER DIE AUTORINNEN

Cornelia Mroseck & Ricarda Sagehorn befassen sich seit Jahren mit den Lenormandkarten und arbeiten erfolgreich als Lebensberaterin und Life Coach. Ihr Spezialgebiet liegt auf karmischen Verbindungen und Seelenverwandtschaften mit besonderem Augenmerk auf Dualseelenverbindungen.

Ihr Wissen geben sie ebenfalls in Seminaren in Berlin weiter. Hier haben sie sich erfolgreich auf Kartenseminare und Seminare zum Thema Karma, Zwillings- und Dualseelen und karmische Verbindungen spezialisiert.

Weitere Informationen unter:

www.karmische-liebe.de

Email:

info@karmische-liebe.de